Dieses Buch wurde klimaneutral hergestellt.
CO_2-Emissionen vermeiden, reduzieren, kompensieren –
nach diesem Grundsatz handelt der oekom verlag.
Unvermeidbare Emissionen kompensiert der Verlag
durch Investitionen in ein Gold-Standard-Projekt.
Mehr Informationen finden Sie unter: www.oekom.de

Bibliografische Information der Deutschen Nationalbibliothek

Die Deutsche Nationalbibliothek verzeichnet diese Publikation in
der Deutschen Nationalbibliografie; detaillierte bibliografische
Daten sind im Internet über http://dnb.d-nb.de abrufbar.

© 2010 oekom verlag, München
Gesellschaft für ökologische Kommunikation mbH
Waltherstraße 29, 80337 München

Visuelle Gestaltung: Torge Stoffers
Satz: oekom verlag

Druck: Kessler Druck + Medien, Bobingen

Dieses Buch wurde auf FSC-zertifiziertem Papier gedruckt.
FSC (Forest Stewardship Council) ist eine nichtstaatliche,
gemeinnützige Organisation, die sich für eine ökologische und
sozialverantwortliche Nutzung der Wälder unserer Erde einsetzt.

Gerd Rosenkranz

Mythen der Atomkraft

Wie uns die Energielobby hinters Licht führt

Herausgegeben von der Heinrich-Böll-Stiftung

Inhaltsverzeichnis

Vorwort:
Sackgasse Atomenergie

Verfolgt man die hin und wieder hörbaren Äußerungen von einer Renaissance der Atomkraft, dann könnte der Eindruck entstehen, die Zahl neuer Atomkraftwerke würde immens und stetig steigen. Tatsächlich verzeichnen neuere Statistiken 60 bereits im Bau befindliche Anlagen, die meisten davon in China, weitere in Russland, Indien, Südkorea und Japan. Die USA sind lediglich mit einem konkreten Bauprojekt verzeichnet. In dieser Liste (der VGB Power Tech) befinden sich allerdings zahlreiche nie zu Ende gebaute Uralt-Projekte, die also de facto Bauruinen sind.

Darüber hinaus liegen gegenwärtig Absichtserklärungen für etwa 160 neue Atomkraftwerke bis zum Jahr 2020 vor, 53 davon allein in China und 35 in den USA, gefolgt von Südkorea und Russland. In Europa führt Großbritannien mit acht geplanten Neubauten die Liste an, gefolgt von Italien, der Schweiz, Finnland, Rumänien und Litauen. Frankreich, das die Welt mit neuen Atomkraftwerken beglücken möchte, plant selbst nur ein neues Werk. Die meisten europäischen Staaten hegen keine konkreten Atompläne.

Tatsächlich nimmt die Zahl der Atomkraftwerke weltweit stetig ab. Aktuell sind noch 436 Reaktoren in Betrieb. In den nächsten 15 bis 20 Jahren werden mehr betagte Anlagen vom Netz gehen, als neue in Betrieb genommen werden. Längst nicht alle Absichtserklärungen werden umgesetzt. Je mehr Strommärkte dem freien Wettbewerb geöffnet werden, desto geringer werden die Chancen der Atomkraft.

Auch die Kosten für neue Anlagen explodieren. So hat sich der Baupreis des neuen Atomkraftwerks im finnischen Olkiluoto bereits von drei auf rund 5,4 Milliarden Euro erhöht, obwohl noch nicht einmal der Rohbau steht. Dazu kommen die ungelösten Probleme der Endlagerung und die hohe Störanfälligkeit dieser Technologie. Kein privatwirtschaftlich geführtes Energieunternehmen wagt heute den Neubau eines Atomkraftwerks ohne staatliche Subventionen und Bürgschaften. Auffällig ist, dass neue Kernkraftwerke vor allem dort gebaut werden, wo Staat und Energiewirtschaft eine unheilige Allianz eingehen.

Schon bisher wurden Atomkraftwerke mit massiven öffentlichen Zuschüssen gefördert. Für Deutschland ergeben Berechnungen eine Größenordnung von über 100 Milliarden Euro und diese Bevorzugung hält bis heute weiter an. So bilden die milliardenschweren Rückstellungen für die Entsorgung des Atommülls und den Rückbau der Kernkraftwerke eine steuerfreie Manövriermasse für die Konzerne. Und die Haftpflicht der Betreiber ist auf 2,5 Milliarden Euro begrenzt – ein verschwindender Bruchteil dessen, was schon bei einem mittelgroßen Atomunfall an Kosten entstehen würde. Unterm Strich erweist sich Atomstrom als ebenso teuer wie riskant.

Zu diesen gängigen Argumenten gegen die Atomenergie kommen neue. Erstens wächst die Gefahr der nuklearen Proliferation im gleichen Maß, in dem neue Atomkraftwerke in aller Welt entstehen. Es gibt keine unüberwindbare Mauer zwischen der zivilen und der militärischen Nutzung dieser Technik, trotz aller Kontrollbemühungen der Internationalen Atomenergie-Kommission (IAEO). Das aktuellste Beispiel ist der Iran. Wer sich nicht kontrollieren lassen will, den kann man letztlich auch nicht zwingen. Mit dem Ausbau der Atomenergie wächst die Notwendigkeit, Wiederaufbereitungsanlagen und Schnelle Brüter zu errichten, um nuklearen Brennstoff zu erzeugen. Beides bedeutet den Einstieg in einen Plutoniumkreislauf, in dem Unmengen an bombenfähigem Spaltmaterial entstehen – eine Horrorvision!

Zweitens wäre schon eine Laufzeitverlängerung für bestehende Atomkraftwerke – und erst recht der Bau von neuen Anlagen – eine massive Bremse für den Ausbau der erneuerbaren Energien. Die Behauptung, Atomkraft und Erneuerbare seien komplementär, ist ein Mythos. Denn sie konkurrieren nicht nur um knappes Investitionskapital und Stromleitungen; gleichzeitig begrenzen Atomkraftwerke aufgrund ihres inflexiblen Dauerbetriebs das Wachstumspotenzial vor allem für Windstrom. An windreichen und verbrauchsarmen Tagen deckt das Angebot an Windenergie bereits heute einen Großteil der Stromnachfrage in Deutschland ab. Da die laufenden Atomkraftwerke (wie auch die großen Kohlekraftwerke) aus betriebswirtschaftlichen Gründen nicht kurzfristig heruntergefahren werden, muss dann der Überschussstrom mit Verlust ins Ausland exportiert werden. Ist es auch Irrsinn, so hat es doch Methode.

Wie man es auch dreht und wendet: Atomenergie hat weder das Potenzial, einen entscheidenden Beitrag für den Klimaschutz zu leisten, noch wird sie aus Gründen der Versorgungssicherheit benötigt. Umgekehrt wird ein Schuh daraus: Wer den Ausbau der erneuerbaren Energien mit Zielrichtung 100 Prozent vorantreiben will, sollte sich gegen einen Neubau wie gegen eine Laufzeitverlängerung alter Atomkraftwerke wenden. Als behauptete Übergangsstrategie ins Solarzeitalter ist die Atomenergie untauglich.

Wir danken dem Autor Gerd Rosenkranz für den überaus lesenswerten Essay und dem oekom verlag dafür, dass er *Mythen der Atomkraft* in seine neue Reihe *quergedacht* aufgenommen hat.

Zuletzt ein Hinweis: Die Heinrich-Böll-Stiftung wird im Laufe des Jahres 2010 noch eine Reihe von umfangreichen Papieren zum Thema Atomenergie herausgeben. Wer zu diesem aktuellen Thema weitere Details und Fakten sucht, dem empfehlen wir diese Veröffentlichungen nachdrücklich. Informationen finden Sie zur gegebenen Zeit auf unserer Website www.boell.de.

Berlin, im Januar 2010
Ralf Fücks (Vorstand der Heinrich-Böll-Stiftung)

Einleitung: Forsmark – 22 Minuten Angst und Schrecken

Es ist der 25. Juli 2006, mittags um 13:19 Uhr, als Elektriker bei Wartungsarbeiten außerhalb der schwedischen Atomzentrale Forsmark einen Kurzschluss an einer Umspannstation auslösen. So etwas passiert. Immer mal wieder und überall, wo sich riesige Turbinen drehen und enorme Strommengen aus großen Kraftwerksblöcken abtransportiert werden müssen. Normalerweise bringt eine solche Störung im benachbarten Stromnetz kein Atomkraftwerk in ernste Schwierigkeiten. Die Sicherheitssysteme sind darauf vorbereitet. Der Reaktor wird vom gestörten Stromnetz getrennt, bevor der Kurzschluss draußen die Elektrik drinnen erreicht. Schlimmstenfalls schaltet sich der Reaktor automatisch ab und wird dann, weil der heiße Zerfall des radioaktiven Inventars in seinem Inneren noch tagelang weitergeht, über Notkühlsysteme allmählich in einen unkritischen Zustand gebracht.

Aber an diesem Dienstag ist nichts normal in Forsmark. Weil die Trennung vom Netz zu langsam erfolgt und die eigentlich unspektakuläre Störung eine regelrechte Kaskade weiterer Komplikationen auslöst, kollabiert ein Großteil des elektrischen Sicherheitssystems in Block 1 des Siedewasserreaktors. Zwei von vier Dieselgeneratoren, die im Ernstfall die Reaktorsteuerung und die Notkühlpumpen mit Strom versorgen sollen, fallen aus. Quälend lange 22 Minuten bleiben in der kritischsten Phase der Havarie Bildschirme in der Reaktorwarte schwarz, senden Messfühler keine Signale über die atomare Kettenreaktion im Innern der Maschine, bleiben selbst Teile der Lautsprecheranlage, die Alarm und Evakuierung auslösen sollen, stumm. Lebenswichtige Informationen über die Position der Steuerstäbe, die die Kettenreaktion im Reaktorkern regulieren, oder den Kühlwasserstand im Reaktorbehälter bleiben aus. Erst als es einem Techniker endlich gelingt, die beiden ausgefallenen Dieselmotoren per Knopfdruck mit der Hand zu starten und so die zentralen Mess- und Sicherheitssysteme wieder mit Strom zu versorgen, ist der Reaktor-Blindflug endlich beendet.

Als zentralen Auslöser der Eskalation im Siedewasserreaktor Forsmark 1 machte die schwedische Atomaufsichtsbehörde SKI schon bald den Ausfall zweier Wechselrichter aus. Dadurch konnten zwei der insgesamt vier Notstromaggregate nicht ordnungsgemäß zugeschaltet werden. Allerdings ließen sich die genauen Abläufe wegen des Ausfalls großer Teile der Reaktorüberwachung in der entscheidenden Phase hinterher nur schwer rekonstruieren. So blieben Rätsel. Das bedenklichste: Die Experten konnten nicht klären, warum die baugleichen Wechselrichter, die für den ordnungsgemäßen Start der beiden verbliebenen Dieselaggregate sorgten, auf die Spannungsspitze in der Stromversorgung des Reaktors nicht ebenso reagiert hatten wie die beiden anderen. Klar war am Ende nur: Hätten sie es getan, wäre der Reaktor mit hoher Wahrscheinlichkeit außer Kontrolle geraten. Denn dann wären alle vier Stränge des Reaktorschutzsystems betroffen gewesen und dies hätte, wie die schwedische Atomaufsicht bekannte, »zu einem Ausfall der Wechselstromversorgung in der gesamten Notstromanlage geführt und damit zu einem Ereignis, das im Sicherheitsbericht der Anlage nicht unterstellt wurde« (Gesellschaft für Anlagen- und Reaktorsicherheit 2006). Dieser Störfall war in keinem Handbuch vorgesehen, für seine Beherrschung gab es keine Regeln – und wohl auch keine Möglichkeit.

Was sich an jenem Mittag im Sommer 2006 an der schwedischen Ostseeküste abspielte, erinnerte fatal an zwei Ereignisse, die seit Jahrzehnten als Menetekel die zivile Nutzung der Atomenergie überschatten: die Reaktorkatastrophen von Harrisburg (im März 1979) und Tschernobyl (im April 1986).

Schwer nachvollziehbare Planungsmängel, der fehlerhafte Einbau wichtiger Bauteile, unverzeihliche Schlampereien bei der Wartung und nicht zuletzt: ein naives Vertrauen in eine hochsensible Technik – all das kannte man schon. Nicht nur aus Harrisburg und Tschernobyl, auch aus der Wiederaufarbeitungsanlage im britischen Sellafield, vom japanischen Brutreaktor Monju oder aus der Wiederaufarbeitungsanlage von Tokaimura in Japan, von einem Abklingbecken des ungarischen Atomkraftwerks Paks und auch von den deutschen Reaktorstandorten Brunsbüttel oder Krümmel an der Elbe. Wo Menschen arbeiten, machen sie Fehler. Wir können von Glück reden, dass die nach jedem Unfall aufs Neue als »unerklärlich« eingestufte Verkettung von Fehlleistungen nicht immer so katastrophale Folgen zeitigt wie 1986 in der Ukraine und seinen Nachbarstaaten. In Block 1 des Atomkraftwerks Forsmark, gut

100 Kilometer nördlich der schwedischen Hauptstadt Stockholm, blieb es bei 22 Minuten Angst und Schrecken für die Reaktormannschaft vor Ort und ein paar schweren Zweifeln an der Zuverlässigkeit des Reaktorbetreibers Vattenfall. Diese bohrenden Zweifel nährt das nordische Staatsunternehmen seither auch anderswo, namentlich an seinen deutschen Standorten Brunsbüttel und Krümmel.

Der Name Forsmark steht seither für den vermutlich brisantesten Unfall in einem europäischen Atomreaktor seit der Katastrophe von Tschernobyl. Die Fachleute im In- und Ausland, die die Abläufe jenes Tages zu rekonstruieren versuchten, mussten erschrocken erkennen: Es hätte viel schlimmer kommen können. Und: Es kann jederzeit schlimmer kommen.

Das Restrisiko des Vergessens

Mit erkennbarem Wohlgefallen beobachten die Verfechter der Atomenergie in vielen Industrieländern eine – wie sie es nennen – »Entideologisierung« der Auseinandersetzung über diese Energie. Unter dem Eindruck des Klimawandels und einer sich verschärfenden Verknappung der fossilen Energieressourcen sei die Tonlage »sachlicher und ruhiger« geworden. Vor allem über eines frohlocken die Freunde der nuklearen Stromproduktion, wenn nicht gerade ein Wahlkampf die Entspannung stört: Der politisch-gesellschaftliche Diskurs hat sich über die Jahrzehnte von den fundamentalen Sicherheitsproblemen der Atomtechnik wegverlagert, hin zu Fragen der Ökonomie, des

Klimaschutzes, der Ressourcenschonung oder der Versorgungssicherheit. Atomenergie könnte so in der öffentlichen Wahrnehmung zu einer Technik unter vielen werden, ihre Nutzung allein eine Abwägungsfrage, nicht anders als die zwischen Kohle- und Erdgaskraftwerk.

Die Kernspaltung wird so zunehmend integriert in das von den Ökonomen definierte Dreieck der energiepolitischen Debatte aus Wirtschaftlichkeit, Versorgungssicherheit und Umweltverträglichkeit. Dass Katastrophensicherheit nicht zu den Zielen der Atomenergie zählt, stört ihre Anhänger weniger. Im Gegenteil, sie sind hochzufrieden. Immer häufiger gelingt es den Freunden der Atomenergie, das einzigartige Katastrophenpotenzial dieser Technik hinter einer Mauer von Argumenten zu verbergen, die alle in erster Linie eines sicherstellen sollen: Ablenkung von den grundlegenden Sicherheitsfragen. Diese Entwicklung ist nicht zufällig. Sie ist Ergebnis einer Strategie, die von Betreibern und Herstellern in den führenden Atomenergieländern viele Jahre mit zäher Beharrlichkeit verfolgt und mit Bedacht vorangetrieben wurde.

Eine erfolgreiche Ablenkung mag die öffentliche Debatte vorübergehend ruhigstellen – doch die Wahrscheinlichkeit einer großen Katastrophe macht die Notwendigkeit einer solchen Debatte nicht kleiner. Die Gefahr des Super-GAUs, also eines Unfalls, der über den in den Sicherheitssystemen eingeplanten »Größten Anzunehmenden Unfall« (GAU) hinausgeht, und die Tatsache, dass er niemals ausgeschlossen werden kann, war und ist der Urgrund des Fundamentalkonflikts um die Atomenergie.

Auf dieser realen Gefahr basieren die ersten und die letzten Argumente gegen diese Form der Energieumwandlung. Mit ihr steht und fällt die Akzeptanz der Atomenergie – regional, national und global. Seit Harrisburg und erst recht seit Tschernobyl war der »katastrophenfeste« Atommeiler die Verheißung, mit der die Atomwirtschaft hoffte, irgendwann die öffentliche Zustimmung für ihre Technologie zurückzugewinnen. Schon vor drei Jahrzehnten verkündeten die Hersteller das große Versprechen unter der Chiffre des »inhärent sicheren Kernkraftwerks«. Die Amerikaner nannten diese Meiler der Zukunft »Walk away«-Reaktoren. In ihnen sollte eine Kernschmelze oder ein vergleichbar schwerer Unfall physikalisch durch sogenannte »passive Sicherheitssysteme« ausgeschlossen sein. »Selbst beim schlimmsten aller denkbaren Unfälle«, schwärmte damals der führende Manager eines US-Herstellers von Atomreaktoren, »können sie nach Hause gehen, zu Mittag essen, ein Nickerchen halten und anschließend zurückkommen, um sich darum zu kümmern – ohne die geringste Sorge, ohne Panik« (vgl. Miller 1991). Die großspurige Ansage blieb bis heute, was sie schon damals war: ein ungedeckter Scheck auf die Zukunft. Bereits 1986 mutmaßte der Technik-Historiker Joachim Radkau, das katastrophenfreie Atomkraftwerk sei »ein Wunschtraum, der in Krisenzeiten immer wieder vorgegaukelt, aber nie realisiert wird« (Radkau 1986). Dabei ist es geblieben.

Inzwischen sprechen die Europäische Atomgemeinschaft (Euratom) und zehn Atomkraft betreibende Länder neutral von der »Generation IV«, die in der ferneren Zukunft die aktuell errichteten oder geplanten Meiler ablösen soll. Idiotensicher wie ihre bis heute Vision gebliebenen Vorgänger sollen aber auch diese mit innovativer Sicherheitstechnik ausgestatteten Reaktoren der übernächsten Baureihe nicht mehr sein. Aber wirtschaftlicher, kleiner, weniger anfällig gegen militärischen Missbrauch und in der Folge: akzeptabler für die Menschen. Um 2030 sollen die ersten dieser Meiler Strom liefern. Das ist die offizielle Version. Inoffiziell rechnen sogar manche ihrer profilierten Anhänger wie der damalige Präsident des französischen Energieversorgers Électricité, Francois Roussely mit dem kommerziellen Betrieb »erst um 2040 oder 2045 herum« (vgl. Schneider 2004).

Mit dem Versprechen einer vierten Reaktorgeneration ohne absolute Sicherheit hat die Atomindustrie die Garantieerklärungen der Vergangenheit geräuschlos beerdigt. Inzwischen muss sogar im Tagesgeschäft die relative Sicherheit genügen, konkret: die kolportierte und von Nicht-Fachleuten im politisch-publizistischen Raum gern verbreitete Pauschalbehauptung: »Unsere Kernkraftwerke sind die sichersten der Welt«. Für den Wahrheitsgehalt dieser Aussage, vor allem in Deutschland sehr beliebt, gab es nie tragfähige Belege. Und es ist nicht gerade plausibel, dass Atomkraftwerke, mit deren Bau in den 1960er- und 1970er-Jahren begonnen wurde, die also in den 1950er- und 1960er-Jahren mit dem Wissen sowie mit der Technologie dieser Zeit konzipiert worden waren, heute ein ausreichendes Maß an Sicherheit bieten können sollen. Doch solange niemand die Atomenergie-Propagandisten in Frankreich, Schweden, den USA, Japan oder Südkorea daran hindert, exakt dasselbe von ihren Meilern zu behaupten, können alle gut mit ihren jeweiligen Parolen leben. Faktisch gibt es in keinem Land eine nukleare Community, die ihre eigenen Atomkraftwerke nicht auf Weltniveau wähnt – oder dies zumindest öffentlich für sich reklamiert. Selbst in Osteuropa heißt es immer häufiger, infolge der Nachrüstrunden der vergangenen 15 oder 20 Jahre erreichten auch Reaktoren sowjetischer Bauart westliche Sicherheitsstandards und seien ihnen in manchen Belangen sogar überlegen. Einer formellen Übereinkunft über diese Sprachregelungen bedarf es im Übrigen nicht. Die gemeinsame, weltweit verbreitete Botschaft soll lauten: Es besteht kein Grund zur Beunruhigung.

Die lässt tatsächlich in vielen Ländern nach, vor allem unter einer Generation von Politikern, für die Tschernobyl kein prägendes Ereignis mehr ist. Eine nicht unwesentliche Frage bleibt deshalb die nach dem Preis, den die Menschheit für die endgültige Beruhigung an der Atomfront entrichten muss. Was bedeutet es für die internationale Reaktorsicherheit, wenn Beinahe-Katastrophen wie die von Forsmark in Schweden ein paar Wochen öffentlich und danach nur noch in geschlossenen Fachzirkeln debattiert werden?

Das vergleichsweise hohe Sicherheitsniveau deutscher Meiler wurde in der Vergangenheit sogar von Befürwortern der Atomenergie auch der Stärke der Anti-Atomkraftbewegung in der alten Bundesrepublik zugeschrieben, einer andauernden skeptischen Beobachtung der Meiler durch eine hoch sensibilisierte Bevölkerung. Bohrende Fragen und die Etablierung einer »kritischen Fachöffentlichkeit« sorgten nach dieser Lesart erst dafür, dass Atomkraftwerke zu den am aufwendigsten gegen Stör- und Unfälle gesicherten Industrieanlagen der Wirtschaftsgeschichte wurden, die sie heute sind. Leider ist zu befürchten, dass auch der Umkehrschluss gilt: Schwindet die öffentliche Aufmerksamkeit oder wird sie unter autoritären Regimen gar nicht erst zugelassen, schrumpft auch die Sicherheit.

Wer nach Tschernobyl und Harrisburg Atomenergie weiter nutzen will wie die schwarz-gelbe Bundesregierung, muss sich letztlich die Frage gefallen lassen, ob er weitermachen will, bis ein erneuter katastrophaler Unfall die Option Atomenergie endgültig erledigt. Sicher ist: Niemand in Europa oder den USA würde heute die »Renaissance der Atomenergie« im Munde führen oder ernsthaft über Laufzeitverlängerungen alternder Meiler diskutieren, wenn im schwedischen Forsmark am 25. Juli 2006 nicht zwei, sondern vier Wechselrichter ihren Dienst quittiert hätten – und ausgerechnet das geschätzte Hochtechnologieland Schweden zum Schauplatz dieser Katastrophe geworden wäre. Nord- und Westeuropa wären nicht nur mit millionenfachem menschlichen Leid konfrontiert worden. Mit 130 Atommeilern wäre der Kontinent auch noch auf viele Jahre mit den physischen und mentalen Aufräumarbeiten beschäftigt – und mit einem durch einen Super-GAU ausgelösten Wirtschaftseinbruch, der die aktuelle Finanz- und Bankenkrise weit in den Schatten gestellt hätte. Alle Länder mit einem erheblichen Atomenergieanteil an ihrer Elektrizitätsversorgung hätten mit Blackouts zu kämpfen, wie sie in großen Teilen EU-Europas seit Jahrzehnten nicht mehr vorgekommen sind. Gleichzeitig hätte sich die Klimabelastung weiter verschärft, weil viele der noch verfügbaren fossilen Kraftwerke rund um die Uhr außerplanmäßig hätten eingesetzt werden müssen, um die Stromlücke zu füllen, die die unter dem Druck einer tief verstörten Öffentlichkeit abgeschalteten Atomkraftwerke hinterlassen hätten. So weit ist es – Gott sei Dank – in Forsmark nicht gekommen.

Das schleichende Gift der Routine

Niemand stellt ernsthaft in Abrede, dass natürlich auch die Atomtechnik grundsätzlich von den Fortschritten der allgemeinen Technologieentwicklung der vergangenen Jahrzehnte profitieren konnte. Die Revolution, die sich seit Errichtung der großen Mehrzahl der heute auf der Welt betriebenen kommerziellen Reaktoren in den Informations- und Kommunikationstechnologien vollzogen hat, macht die Steuerung und Überwachung eines Atomkraftwerks übersichtlicher und im Normalbetrieb zuverlässiger. Als die älteren der im Betrieb befindlichen Meiler auf dem Reißbrett entstanden, steuerten noch Lochstreifen die Computer. Moderne Steuerungssysteme wurden und werden in viele auch betagte Meiler nachträglich eingebaut. Für ein höheres Maß an Sicherheit spricht auch ein mithilfe von Computersimulationen und Experimenten erreichtes besseres Verständnis der reaktorphysikalischen und anderer komplexer Abläufe im Normalbetrieb und mehr noch in Störfallsituationen. Heute üben die Reaktorfahrer an ihren Simulatoren komplexe Unfallabläufe, die vor 20 oder 30 Jahren nicht einmal modelliert werden konnten – und folglich zum Teil gar nicht bekannt waren. Die Sicherheitstechniker profitieren auch von fortgeschrittenen Wahrscheinlichkeitsanalysen und weiterentwickelten Prüf- und Überwachungssystemen, mit denen nach und nach auch ältere Meiler ausgerüstet werden. Die Reaktorbetreiber nehmen zudem für sich in Anspruch, aus Harrisburg, Tschernobyl und den schweren Unfällen in Japan gelernt zu haben. Sie verweisen auf die internationale Betreiberorganisation (World Association of Nuclear Operateurs, WANO), die heute den Erfahrungsaustausch organisiert und für eine zeitnahe Weitergabe von Störfalldaten an ihre Mitglieder sorgt. Weltweit können die Reaktorbetreiber im Jahr 2010 auf die Erfahrung von rund 13.000 Reaktorbetriebsjahren zurückgreifen.

Ein Beleg für eine qualitativ »neue Sicherheit« von Atomkraftwerken ist das allerdings letztlich nicht. Die Tatsache, dass es seit 1986 keine Reaktorunfälle mit Kernschmelzen gegeben hat, bedeutet eben nicht, dass es nicht wieder geschehen könnte. Forsmark war nur der lauteste Schreckschuss in jüngerer Zeit, weitere Warnungen in Brunsbüttel und Krümmel folgten – mit dem Ergebnis, dass diese Reaktoren über mehrere Jahre keinen Strom lieferten. Etwa drei von vier der heute auf der Welt betriebenen Reaktoren sind dieselben wie zum Zeitpunkt der Tschernobyl-Katastrophe. Es ist gerade das Wesen von Wahrscheinlichkeitsbetrachtungen, dass ein schwerer Unfall heute geschehen kann oder erst in hundert Jahren. 13.000 Reaktorbetriebsjahre sind deshalb kein Gegenbeweis. Als die Nuklearwirtschaft 1979 in Harrisburg die erste Kernschmelze in einem kommerziellen Meiler traf, erinnerten Atomkraftgegner in Süddeutschland auf Flugblättern mit Hohn und Spott an die vollmundigen Sicherheitsversprechen der Reaktortechniker: »Alle 100.000 Jahre ein Unfall – wie schnell doch die Zeit vergeht!«.

Die weltweit forcierte Verlängerung der geplanten Reaktorlaufzeiten nennen Atommanager »sicherheitstechnisch uneingeschränkt verantwortbar« (*Frankfurter Rundschau,* 12. August 2005). Walter Hohlefelder, Präsident des Lobbyvereins Deutsches Atomforum und vormalig auch Vorstand des Atomkraftwerksbetreibers E.on, erklärte allen Ernstes, eine solche Laufzeitverlängerung mache »die Versorgung mit Strom sicherer« (*Berliner Zeitung,* 9. August 2005). Erstaunlich an solchen Behauptungen ist vor allem, dass sie von Teilen der Öffentlichkeit, insbesondere aber von den Politikern, die die Atomenergie stützen, nicht mehr hinterfragt werden. Denn es ist und bleibt eine kühne Behauptung, Atomkraftwerke würden – im Gegensatz zu Automobilen oder Flugzeugen – mit zunehmendem Alter immer sicherer. Dagegen spricht leider nicht nur der Alltagsverstand der Menschen. Dagegen spricht auch die Physik.

Das globale Reaktorarsenal »altert«. Hinter diesem schlichten Begriff aus unserer Alltagswelt verbirgt sich in der Werkstofftechnik und der Metallkunde ein ganzes Wissensgebäude. Es umfasst nicht nur schlichte »Abnutzungserscheinungen«, sondern hochkomplexe Veränderungen an der Oberfläche und im Innern metallischer Bauteile. Solche Vorgänge im Mikrobereich der atomaren Strukturen und ihre Folgen sind schwer vorauszuberechnen und durch die Überwachungssysteme zuverlässig und rechtzeitig zu entdecken – vor allem wenn hohe Temperaturen, enorme mechanische Belastungen, eine chemisch aggressive Umgebung und das Neutronen-Dauerbombardement aus der Kernspaltung gleichzeitig auf sicherheitstechnisch relevante und schwer zugängliche Konstruktionselemente wirken. Immer wieder sind in den vergangenen Jahrzehnten Korrosion, Strahlenschäden, Rissbildung an der Oberfläche, an Schweißnähten auch im Innern zentraler Komponenten aufgetreten. Schwere Unfälle blieben oftmals aus, weil das Unheil rechtzeitig von Überwachungssystemen oder bei Routineuntersuchungen während Stillstands- und Revisionszeiten der Anlagen entdeckt wurde. Doch immer mal wieder war die rechtzeitige Entdeckung gefährlicher Schäden auch schlicht dem Zufall zu verdanken.

Diese Situation wurde durch die Nebenwirkungen der Liberalisierung und Deregulierung der Strommärkte in vielen Ländern verschärft. Liberalisierung erfordert von den Reaktorbetreibern ein höheres »Kostenbewusstsein« – in jedem Kraftwerk und mit handfesten Folgen: zum Beispiel Personalabbau, Ausdünnung wiederkehrender Sicherheitsprüfungen, kürzere Fristen und damit mehr Zeitdruck bei Revisionsarbeiten und Brennstoffwechseln. All dies erhöht natürlich keineswegs die Sicherheit.

Zwischenfazit: Wenn sich die Reaktorbetreiber mit ihren Laufzeit-Vorstellungen von 40, 60 oder gar 80 Jahren durchsetzen, wird sich das im Jahr 2009 erreichte Durchschnittsalter der auf der Welt betriebenen Atomkraftwerke von etwa 24 Jahren in Zukunft massiv erhöhen. Damit wächst das Risiko eines schweren Unfalls erheblich. Daran ändert auch der Neubau von Kraftwerken der sogenannten »Generation III« wenig. Sie werden noch über Jahrzehnte nur einen kleinen Bruchteil des weltweiten Reaktorarsenals ausmachen. Außerdem ist auch in ihnen ein schwerer Unfall nicht ausgeschlossen. Der seit Ende der 1980er-Jahre konzipierte Europäische Druckwasserreaktor (European Pressurized Reactor, EPR) zum Beispiel, dessen Prototyp seit 2005 in Finnland gebaut wird, ist eine – Kritiker sagen: nur halbherzige – Weiterentwicklung der heute in Frankreich und Deutschland betriebenen Druckwasserreaktoren. Die Folgen einer Kernschmelze sollen mit einer aufwendigen Auffangvorrichtung für den aufgeschmolzenen Reaktorkern (»Core Catcher«) eingedämmt werden. Ergebnis dieses die Gesamtanlage erheblich verteuernden Konzepts war unter anderem, dass der Meiler während der Entwicklung immer leistungsstärker konzipiert werden musste, um ihn ökonomisch gegenüber Wettbewerbern innerhalb und außerhalb der Atomtechnik konkurrenzfähig zu halten.

Dass die Wahrscheinlichkeit schwerer Unfälle mit zunehmender Betriebserfahrung und längeren Laufzeiten der einzelnen Anlagen real gesunken sei, ist selbst unter den Reaktorbetreibern keineswegs Konsens. Alles andere käme auch einer Verleugnung der Realität gleich angesichts einer Vielzahl kritischer Störfälle, die rund um den Globus immer wieder für Aufsehen sorgen.

Die – natürlich nicht vollständige – Liste der Vorfälle mit Katastrophenpotenzial aus der jüngeren Vergangenheit umfasst:

- ☢ Platzen eines Rohrs im Nachwärmeabfuhrsystem des französischen Druckwasserreaktors Civaux-1, wobei der primäre Kühlkreislauf 30 Kubikmeter Kühlwasser pro Stunde verlor bis das Leck isoliert und die Situation stabilisiert werden konnte (1998);
- ☢ Manipulationen an sicherheitsrelevanten Daten in der britischen Wiederaufarbeitungsanlage Sellafield und beim japanischen Atomkraftwerksbetreiber Tepco (1999/2002);
- ☢ zuvor nie beobachtete Brennelementschäden in Reaktorblock 3 des französischen Kraftwerks Cattenom (2001);
- ☢ eine schwere Wasserstoffexplosion in einem Rohr des Siedewasserreaktors Brunsbüttel in unmittelbarer Nachbarschaft zum Reaktordruckbehälter (2001);
- ☢ eine über Jahre nicht entdeckte massive Korrosion am Reaktorbehälter des US-Meilers Davis-Besse, wobei nur noch die dünne Edelstahlauskleidung des Reaktorkessels ein katastrophales Leck im vollen Betrieb verhinderte (2002);
- ☢ eine dramatische Überhitzung von 30 hoch radioaktiven Brennelementen im Abklingbecken des ungarischen Atomkraftwerks Paks, die schließlich beim Versuch, sie von 1.200 Grad Celsius herunterzukühlen und eine mögliche atomare Explosion im ungeschützten Bereich des Reaktorkomplexes zu verhindern, unter einem Sturzbach aus kaltem Wasser wie Porzellan zerbröselten (2003) (Heinrich-Böll-Stiftung 2006);
- ☢ schwere Erdbebenschäden im japanischen Reaktorkomplex Kashiwazaki mit Transformatorenbrand, Austritt radioak-

tiv belasteter Flüssigkeiten und anschließendem jahrelangen Stillstand (2007);

☢ einen Trafobrand im Atomkraftwerk Krümmel, der zunächst zu Rauchbildung auf der Schaltwarte und in der Folge zu schweren Fehlern bei der Schnellabschaltung des Reaktors führte. Fast exakt zwei Jahre später ereignete sich wenige Tage nach der Inbetriebnahme erneut ein Kurzschluss in einem der Trafos, Öl lief aus, der Reaktor wurde schnell abgeschaltet – allerdings geriet der Trafo bei diesem Störfall nicht in Brand (2007 / 2009).

Derartige, offensichtlich unausweichliche Vorfälle sorgen bei den Betreibern mittlerweile für mehr Unruhe und Problembewusstsein als unter den politischen Verfechtern einer Atomenergie-Renaissance. Und das nicht nur, weil sich die Schäden und Verluste, die aus den Störungen und Unfällen resultieren, für die Betreiber zu Milliardensummen addieren.

Die Verantwortlichen in den Atomkraftwerken fürchten zunehmend die Konsequenzen aus einem tief im menschlichen Wesen verwurzelten Phänomen: die Anfälligkeit gegenüber dem schleichenden Gift der Routine, die es fast unmöglich macht, eintönige und über Jahre wiederkehrende Tätigkeiten in jeder Minute mit einem Höchstmaß an Konzentration auszuführen. Während eines WANO-Treffens in Berlin im Jahr 2003 thematisierten Referenten unverblümt die ihrer Überzeugung nach grassierende Nachlässigkeit und Selbstzufriedenheit unter den Betreibern. Beides sei »eine Gefahr für den Fortbestand unserer

Branche« (*Nucleonics Week*, 6. August 2003), warnte ausgerechnet ein schwedischer Teilnehmer des Expertentreffens. Der damalige japanische WANO-Vorsitzende Hajimu Maeda diagnostizierte gar eine »schreckliche Krankheit«, die die Branche von innen heraus bedrohe. Sie beginne mit Motivationsverlust, Selbstzufriedenheit und »Nachlässigkeit bei der Aufrechterhaltung der Sicherheitskultur wegen des schweren Kostendrucks infolge der Deregulierung der Strommärkte«. Diese Krankheit müsse erkannt und bekämpft werden. Andernfalls werde irgendwann »ein schwerer Unfall [...] die ganze Branche zerstören« (*Nucleonics Week*, 6. August 2003). Als drei Jahre später mit dem Forsmark-Desaster ständig neue Nachlässigkeiten des schwedischen Staatsunternehmens Vattenfall im Umgang mit seinen Meilern ans Licht kamen, erwies sich die Besorgnis als geradezu prophetisch.

2 Zweiter Mythos: Die Gefahren durch Missbrauch und Terror lassen sich beherrschen

Eine völlig neue Dimension der Bedrohung ergibt sich unmittelbar aus den Terrorangriffen des 11. September 2001 in New York und Washington. Und mehr noch aus Aussagen, die inhaftierte Drahtzieher der Anschläge später bei ihren Verhören offenbarten. Die neue Dimension des Terrorismus, die mit den Angriffen auf die USA die Führungsmacht des Westens erreichte, wurde bei den bisherigen Betrachtungen über Sicherheitsfragen noch nicht berücksichtigt. Dabei erfordert diese Entwicklung eine grundlegende Neubewertung der Nutzung der Atomenergie und der mit ihr verbundenen Großrisiken.

Dass Atomkraftwerke tatsächlich in der Zielplanung islamistischer Terroristen eine Rolle spielen, ist nach den Bekenntnissen zweier inhaftierter al-Qaida-Führer unbestreitbar. Nach diesen Aussagen, die im offiziellen Bericht des US-Senats zu den Anschlägen nachzulesen sind (National Commission on Terrorist Attacks Upon the United States 2004), hatte Mohammed Atta, der später eine Boeing 767 in den Nordturm des World Trade Centers steuerte, die beiden Reaktorblöcke des Kraftwerks Indian Point am Hudson River bereits als mögliches Ziel ausgewählt. Selbst einen Codenamen hatte der Angriff auf das Atomkraftwerk in nur 40 Meilen Entfernung von Manhattan schon: »electrical engineering«. Weil die Terrorpiloten davon ausgingen, dass ihr Anflug auf das Atomkraftwerk vorzeitig mit Flugabwehrraketen oder Abfangjägern gestoppt werden könnte, wurde der Plan schließlich verworfen. Tatsächlich gab es diese militärischen Sicherheitsvorkehrungen nicht. Die Entscheidung der Terroristen gegen diesen Angriff beruhte auf einer Fehleinschätzung. Auch in der ursprünglichen, noch monströseren Planung des al-Qaida-Führers Khalid Sheik Mohammed mit insgesamt zehn zeitgleich entführten Passagiermaschinen standen nach dessen eigenen Aussagen mehrere Atomkraftwerke auf der Zielliste. Es ist deshalb unabdingbar, Szenarien terroristischer Angriffe in die Risikobewertung von Atomkraftwerken ernsthafter als bisher einzubeziehen. Diese Angriffe sind seit dem 11. September 2001 sehr viel wahrscheinlicher geworden.

Gleichzeitig ist praktisch unbestritten, dass keiner der 436 weltweit zum Jahresbeginn 2010 betriebenen Reaktoren dem gezielten Angriff mit einem voll getankten Großraumjet standhalten könnte. Das bestätigten noch unter dem Eindruck der Anschläge in New York und Washington übereinstimmend sogar die Reaktorbetreiber in Deutschland. Beim Bau vieler Atommeiler in den westlichen Industriestaaten war zwar auch der zufällige Absturz von Kleinflugzeugen und Militärmaschinen in die Sicherheitsüberlegungen einbezogen worden. Der unbeabsichtigte Aufprall einer voll betankten großen Passagiermaschine galt hingegen als derart unwahrscheinlich, dass gegen dieses Szenario in keinem Land der Welt wirksame Vorkehrungen getroffen worden waren. Die Vorstellung eines gezielten Angriffs mit einer zur Lenkwaffe umfunktionierten Passagiermaschine hatte die Fantasie der Reaktorkonstrukteure schlicht überfordert.

In Deutschland begann die in Köln ansässige Gesellschaft für Anlagen- und Reaktorsicherheit (GRS) unmittelbar nach den Anschlägen in den USA mit einer umfangreichen Untersuchung der Verwundbarkeit deutscher Atomkraftwerke durch Attacken aus der Luft. Dabei wurde im Auftrag der Bundesregierung nicht nur die Standfestigkeit typischer Atomkraftwerke ermittelt. An einem Flugsimulator der Technischen Universität Berlin flog darüber hinaus ein halbes Dutzend Piloten Tausende Angriffe mit unterschiedlichen Geschwindigkeiten, Aufprallorten und -winkeln gegen in Deutschland betriebene Atomkraftwerke, die in Gestalt detailgetreuer Videoanimationen ins Simulator-Cockpit eingespielt wurden. Einige der Testpiloten hatten – wie die Terrorflieger von New York und Washington – zuvor nur kleinere Propellermaschinen geflogen. Trotzdem war angeblich etwa jeder zweite simulierte Kamikazeangriff ein Treffer.

Die Ergebnisse der Untersuchung erwiesen sich als derart alarmierend, dass sie nie publik gemacht wurden. Lediglich eine als »VS-vertraulich« klassifizierte Zusammenfassung gelangte später an die Öffentlichkeit (Gesellschaft für Anlagen- und Reaktorsicherheit 2002). Danach droht insbesondere bei den älteren Meilern bei jedem Treffer ein nukleares Inferno, unabhängig von Typ, Größe oder Aufprallgeschwindigkeit der Passagiermaschine. Entweder würde der Sicherheitsbehälter (»Containment«) direkt durchschlagen oder das Rohrleitungssystem durch die enormen Erschütterungen beim Aufprall und durch nachfolgende Kerosinbrände zerstört. In jedem Fall wären bei einem Volltreffer eine Kernschmelze und die großflächige Freisetzung von Radioaktivität sehr wahrscheinlich. Auch die kraftwerksinternen Zwischenlager, in denen abgebrannte Brennelemente in Wasserbecken abklingen, gelten als extrem gefährdet.

Fast ein Jahrzehnt nach den furchtbaren Anschlägen in den USA gibt es hierzulande nach wie vor kein Schutzkonzept für Atomanlagen gegen derartige Attacken. Pläne der früheren rot-grünen Bundesregierung, die Kraftwerke im Fall eines Angriffs aus der Luft mit einem System von Nebelwerfern kurzzeitig »unsichtbar« zu machen, haben sich als nicht zielführend erwiesen. Nachdem das Bundesverfassungsgericht den gezielten Abschuss von Zivilmaschinen mit unbeteiligten Menschen an Bord im Februar 2006 kategorisch ausgeschlossen hatte, hatte sich das Konzept erledigt. Denn Ziel des Vernebelungskonzepts war es, die Atomkraftwerke so lange in künstlichen Nebel einzuhüllen, bis Kampfflugzeuge der Bundeswehr aufgestiegen wären, um die entführte Passagiermaschine abzudrängen und notfalls abzuschießen.

Angriffe durch Selbstmordattentäter würden 9/11 in den Schatten stellen

Mit dem Terrorszenario »gezielter Angriff aus der Luft« sind andere Befürchtungen, die bereits vor dem 11. September 2001 international diskutiert wurden, nicht obsolet geworden. Sie haben nur eine konkrete und realistischere Grundlage erhalten. Terrorangriffe, bei denen Atomanlagen vom Boden aus mit modernen panzer- und bunkerbrechenden Geschossen oder Sprengstoff angegriffen werden oder sich die Angreifer gewaltsam oder heimlich Zugang zum Sicherheitsbereich verschaffen, wurden schon früh intensiv untersucht. Jedoch nicht im Lichte eines Szenarios, in dem die Angreifer den eigenen Tod gezielt in Kauf nehmen. Die erschütternde Möglichkeit, dass Menschen eine Atomanlage angreifen und dabei fest einplanen, selbst die ersten Opfer ihres Angriffs zu sein, macht Dutzende Abläufe denkbar, die zuvor nicht in Betracht gezogen wurden.

Aus Sicht extremistischer Selbstmordattentäter ist der Angriff auf eine Nuklearanlage alles andere als irrational. Im Gegenteil: Die Extremisten wissen, dass ein »erfolgreicher« Anschlag nicht nur ein unmittelbares Inferno auslösen und zu millionenfachem Leid führen würde, sondern voraussichtlich auch zur vorsorglichen Schließung zahlreicher anderer Atomkraftwerke – und damit in den Industriestaaten zu einem volkswirtschaftlichen Beben, das die ökonomischen Erschütterungen nach dem 11. September 2001 weit in den Schatten stellen könnte. So monströs die Angriffe auf das World Trade Center und das Pentagon waren, sie verfolgten dennoch vor allem das demonstrativ-symbolische Ziel, die Weltmacht USA in ihr ökonomisches und politisch-militärisches Herz zu treffen und so zu demütigen. Der Angriff auf ein Atomkraftwerk wäre bar solcher Symbolik. Getroffen würde die Stromerzeugung und mit ihr das Nervenzentrum, sprich: die gesamte Infrastruktur eines Industriestaats. Die radioaktive Verseuchung einer ganzen Region, möglicherweise die dauerhafte Evakuierung Hunderttausender, wenn nicht Millionen Betroffener würde die Scheidelinie zwischen Krieg und Terror endgültig aufheben. Kein anderer Angriff auf die industrielle Infrastruktur, nicht einmal der auf den Ölhafen von Rotterdam, hätte eine vergleichbare psychologische Wirkung auf die westlichen Industriestaaten. Selbst für den Fall, dass er letztlich sein Ziel, einen Super-GAU auszulösen, verfehlen würde, wäre das Ergebnis verheerend. Die Debatte nach einem solchen Angriff würde die Auseinandersetzung um die Katastrophenrisiken der Atomenergie in nie gekannter Weise anheizen und in einer Reihe von Industrieländern voraussichtlich zur Schließung vieler, wenn nicht aller Atomkraftwerke führen.

Im Licht des neuen Terrorismus gewinnt auch die Debatte über die »friedliche Nutzung der Kernenergie« und die Gefährdung im Falle einer kriegerischen Auseinandersetzung an Relevanz. Sie wurde und wird in der nuklearen Community bisher weitgehend tabuisiert. Denn in internationalen Spannungsgebieten wie der koreanischen Halbinsel, in Taiwan, dem Iran, Indien oder Pakistan errichtete Meiler haben einen ebenso ungewollten wie fatalen Nebeneffekt: Sind sie einmal in Betrieb, braucht ein potenzieller Aggressor keine Atombomben mehr, um das betreffende Land radioaktiv zu verwüsten: Es genügt die Luftwaffe oder die Artillerie. Wer angesichts solcher Perspektiven im Zusammenhang mit der Atomenergie den Begriff »Versorgungssicherheit« bemüht, denkt offensichtlich zu kurz. Es gibt keine andere Technologie, bei der ein einziges Ereignis den

Zusammenbruch einer ganzen Säule der Energieversorgung auslösen kann. Eine Volkswirtschaft, die sich auf eine solche Technik verlässt, ist das Gegenteil von versorgungssicher. Sie ist im Kriegsfall anfälliger gegen konventionelle Angriffe als eine Volkswirtschaft ohne diese Technik.

»Die weltweite Durchsetzung der Kernenergie«, begründete 1985 der Physiker und Philosoph Carl Friedrich von Weizsäcker seine Wandlung vom Befürworter zum Gegner der Atomenergie, »fordert als Konsequenz eine weltweite radikale Veränderung der politischen Struktur aller heutigen Kulturen. Sie fordert die Überwindung der wenigstens seit dem Beginn der Hochkulturen bestehenden politischen Institution des Kriegs« (vgl. Meyer-Abich / Schefold 1986). Der politisch und kulturell abgesicherte Weltfriede, resümierte von Weizsäcker seine Überlegungen, sei jedoch nicht in Sicht. In Zeiten »asymmetrischer Gewalt«, in denen hoch ideologisierte Extremisten sich auf einen Krieg gegen mächtige Industriestaaten oder gleich auf den umfassenden »Krieg der Zivilisationen« vorbereiten, ist der dauerhafte Weltfriede in noch weitere Entfernung gerückt als 1985, als von Weizsäcker seine Einsichten noch unter dem Eindruck der alten Blockkonfrontation formulierte.

Die Bedrohung von Atomkraftwerken infolge kriegerischer Auseinandersetzungen ist im Übrigen nicht nur eine theoretische Überlegung. Im Balkankonflikt Anfang der 1990er-Jahre drohte der Atomreaktor im slowenischen Krsko mehrfach zum Ziel bewaffneter Angriffe zu werden. Zur Demonstration dieser möglichen Eskalation überflogen jugoslawische Bomber den

Meiler. Ob Israel 1981 auf den Luftschlag gegen die Baustelle des irakischen Forschungsreaktors Osirak verzichtet hätte, wenn der 40-Megawatt-Meiler bereits in Betrieb gewesen wäre, muss Spekulation bleiben. Der Angriff galt als Präventivschlag gegen Saddam Husseins Versuch, als Erster die »islamische Bombe« zu bauen. Amerikanische Bomber griffen die Reaktorbaustelle während des Golfkriegs von 1991 erneut an. Im Gegenzug richtete Saddam Hussein seine Scud-Raketen auf die israelische Atomzentrale von Dimona. Nicht zuletzt kursieren im Zusammenhang mit der Auseinandersetzung mit dem Mullah-Regime in Teheran immer wieder Meldungen über einen geplanten israelischen Luftschlag gegen mutmaßliche geheime Nuklearanlagen im Iran.

Tödliche siamesische Zwillinge: ziviler und militärischer Einsatz der Atomenergie

Seit die Idee geboren worden war, die atomaren Kräfte zur kontrollierten Energieproduktion zu nutzen, stand auch ihr militärischer Missbrauch auf der Tagesordnung. Überraschen konnte das niemanden. Schließlich hatten die US-amerikanischen Atombombenabwürfe von Hiroshima und Nagasaki im August 1945 das höllische Potenzial der Atomkraft der ganzen Welt deutlich gemacht. Als der US-amerikanische Präsident Dwight D. Eisenhower 1953 sein Programm »Atoms for Peace« verkündete, sollte dies zu einer Art Startschuss werden für die »friedliche Nutzung der Kernenergie«. Der Vorstoß war aus Not und

Sorge geboren. Denn mit der großzügigen Offenbarung ihres damals noch weitgehend exklusiven und geheimen Know-hows über die Kernspaltung wollten die USA verhindern, dass immer mehr Staaten eigene Atomwaffenprogramme auflegten. Der Deal, den der Präsident der mit der Bombe endgültig zur Supermacht aufgestiegenen USA der Welt anbot, war denkbar einfach. Alle interessierten Länder sollten von der friedlichen Nutzung der Atomenergie profitieren können, sofern sie im Gegenzug auf eigene Atomwaffenambitionen verzichteten. So sollte eine Entwicklung gestoppt werden, die nach dem Zweiten Weltkrieg binnen weniger Jahre neben den USA die Sowjetunion, Großbritannien, Frankreich und China zu Atomwaffenstaaten gemacht hatte. Andere Länder, darunter selbst solche, die von jeher als ausgesprochen friedliebend gelten – wie etwa Schweden oder die Schweiz –, arbeiteten mehr oder weniger intensiv, in jedem Fall aber unter höchster Geheimhaltung, an der Entwicklung der ultimativen Waffe. Auch die Bundesrepublik Deutschland – nach dem Zweiten Weltkrieg bis 1955 kein souveräner Staat – zeigte in der Ära des »Atomministers« Franz-Josef Strauß entsprechende Ambitionen.

Der Atomwaffensperrvertrag, der schließlich 1970 in Kraft trat, war – wie die Internationale Atomenergieagentur IAEA in Wien – ein Resultat der Eisenhower-Initiative. Aufgabe der Wiener Atombehörde, die schon 1957 gegründet worden war, war es einerseits, die atomare Stromerzeugung zu fördern und weltweit zu verbreiten, andererseits, die Entwicklung der Atombombe in immer mehr Staaten zu verhindern. Mehr als ein halbes Jahrhundert nach ihrer Gründung ist die Bilanz der IAEA ebenso ambivalent wie ihr ursprünglicher Auftrag. Sie hat mit der Überwachung ziviler Atomanlagen und der in ihnen eingesetzten Spaltstoffe die Weiterverbreitung der Bombe deutlich verlangsamt. Dafür erhielt die Wiener Agentur 2005 gemeinsam mit ihrem damaligen Chef Mohamed el-Baradei den Friedensnobelpreis. Verhindert allerdings hat sie die Ausbreitung der Bombe nicht. Schon bis zum Ende des Kalten Kriegs waren mit Israel, Indien und Südafrika drei Atomwaffenstaaten zu den fünf »offiziellen« hinzugekommen. Südafrika hat seine Nuklearsprengsätze mit der Abkehr vom Apartheidsystem Anfang der 1990er-Jahre vernichtet. Nach dem Golfkrieg von 1991 entdeckten die Inspektoren in Saddam Husseins Irak ein geheimes Atomwaffenprogramm, das trotz akribischer Überwachung durch die IAEA weit fortgeschritten war. Im Jahr 1998 schockten Indien und Pakistan, die wie Israel stets die Mitgliedschaft im Vertrag verweigert hatten, die Welt mit Nuklearwaffentests. Fünf Jahre später verließ das kommunistische Nordkorea den Sperrvertrag und erklärte sich selbst zum Atomwaffenstaat.

All diesen bedrohlichen Entwicklungen liegt ein fundamentales Problem der Atomtechnologie zugrunde: Ihre zivile und militärische Nutzung lässt sich selbst bei bestem Willen und unter Einsatz modernster Überwachungstechniken nicht fein säuberlich voneinander trennen. Insbesondere der Brenn- beziehungsweise Spaltstoffkreislauf verläuft in der friedlichen wie in der nicht friedlichen Variante weitgehend identisch. Technologien und Know-how lassen sich vielfach zivil wie militärisch nutzen (»dual use«) – mit einer fatalen Konsequenz: Jedes Land, das die von der IAEA oder der Europäischen Atomgemeinschaft (Euratom) geförderte zivile Atomtechnik beherrscht, kann über kurz oder lang die Bombe bauen. Immer wieder verfolgten seit Beginn des Atomzeitalters ambitionierte und skrupellose Machthaber heimlich militärische Seitenpfade neben den zivilen Atomprogrammen. Aktuell und schon seit Jahren steht der Iran in diesem Verdacht. Die Umwandlung ziviler in militärische Komponenten des Brennstoffkreislaufs kann sich – vom jeweiligen Staat subventioniert – über geheime militärische Parallelprogramme vollziehen. Oder sie kann über die heimliche Abzweigung ziviler Spaltstoffe unter Umgehung nationaler wie internationaler Kontrollen erfolgen. Befürchtet werden muss auch der Diebstahl solcher Stoffe, militärisch relevanter Technologien oder des entsprechenden Know-hows.

Anfang 2010 waren im Nahen und Mittleren Osten 15 neue Atommeiler geplant – im Iran, in der Türkei, in Ägypten, Saudi-Arabien, Jordanien, Libyen, Algerien, Tunesien, Marokko und den Vereinigten Arabischen Emiraten. Man muss kein Prophet sein, um vorherzusagen, dass nicht alle diese Vorhaben realisiert werden. Aber wäre die Welt sicherer, würde auch nur die Hälfte wirklich errichtet? Unbestritten ist, dass mit jeder Ausweitung der zivilen Atomtechnik über die 30 Länder hinaus, die sie derzeit kommerziell nutzen, der Aufwand zur Eindämmung der militärischen Weiterverbreitung zunimmt. Eine neue, dem Boom der 1970er-Jahre vergleichbare Atomenergiekonjunktur, an deren Ende 50, 60 oder mehr Staaten Zugang zu den Spalttechnologien hätten, würde die in der Vergangenheit bereits überforderte und chronisch unterfinanzierte IAEA vor unlösbare Aufgaben stellen. Dazu kommt die neuartige Gefahr eines Terrorismus, der im Ernstfall wohl auch vor der Zündung einer »schmutzigen Bombe« nicht zurückschrecken würde. Die Detonation eines mit radioaktivem Material ziviler Herkunft versetzten konventionellen Sprengsatzes würde nicht nur viele Opfer fordern sowie Angst und Unsicherheit in potenziellen Zielländern der Terroristen immens steigern, sondern darüber hinaus den Ort der Explosion unbewohnbar machen.

3 Dritter Mythos: Atommüll? Kein Problem!

Der beruhigende Begriff des atomaren »Brennstoffkreislaufs« gehört zu jenen erstaunlichen Wortschöpfungen der Atomwirtschaft, die sich über Jahrzehnte umfassend durchgesetzt haben, obwohl sie andauernd von der Realität widerlegt werden. Der Mythos vom nuklearen Kreislauf entsprang dem frühen Traum der Kerntechniker, man könne nach dem Start mit kommerziellen Uranmeilern das in ihrem Innern erzeugte spaltbare Element Plutonium in Wiederaufarbeitungsanlagen abtrennen und dann in Schnellen Brutreaktoren – einem Perpetuum Mobile gleich – aus nicht spaltbarem Uran (U-238) immer wieder aufs Neue Plutonium (Pu-239) für weitere Brüterkraftwerke erzeugen. So sollte ein gigantischer industrieller Kreislauf entstehen mit weltweit tausend und mehr Schnellen Brutreaktoren und Dutzenden Wiederaufarbeitungsanlagen, wie sie bis heute im zivilen, großindustriellen Maßstab nur im französischen La Hague und im britischen Sellafield realisiert wurden. Allein in Deutschland erwarteten die Atomstrategen Mitte der 1960er-Jahre für die Jahrtausendwende ein Brüterarsenal mit einer Gesamtkapazität von 80.000 Megawatt Kraftwerksleistung. Zum Vergleich: Die heute in Deutschland betriebenen konventionellen Druck- und Siedewasserreaktoren leisten etwa 20.000 Megawatt. Doch der Plutoniumpfad der Atomtechnik, den der Energiewissenschaftler Klaus Traube – zunächst selbst Leiter des deutschen Brüterprojekts im niederrheinischen Kalkar – später die »Erlösungsutopie der 1950er Jahre« (Traube 1984) genannt hatte, wurde zum vielleicht größten Fiasko der Wirtschaftsgeschichte. Überteuert, technologisch unausgereift, sicherheitstechnisch noch umstrittener als konventionelle Atomkraftwerke, noch dazu besonders anfällig für die militärische Zweckentfremdung, setzte sich die Brütertechnologie bis heute nirgendwo auf der Welt durch. Einzig Russland betreibt noch einen Brutreaktor aus den Frühzeiten der Entwicklung. Japan (dessen Demonstrationsbrüter in Monju seit einem schweren Natriumbrand im Jahr 1995 stillsteht) und Indien verfolgen die Linie offiziell weiter.

Ohne Aussicht auf den Brüterpfad ist das ursprüngliche Hauptmotiv zur zivilen Plutoniumabtrennung in Wiederaufarbeitungsanlagen (WAA) eigentlich hinfällig geworden. Dennoch betreiben neben Frankreich und Großbritannien auch Russland, Japan und Indien kleinere WAA zum nachträglich erklärten Zweck, das dort erzeugte Plutonium in Form sogenannter Uran-Plutonium-Mischoxid-(MOX-)Brennelemente erneut in konventionellen Leichtwasserreaktoren einsetzen zu wollen. Die Wiederaufarbeitungsanlagen produzieren, wenn sie nicht wegen technischer Probleme stillstehen, neben Plutonium und Uran vor allem horrende Kosten. Darüber hinaus hoch radioaktiven Atommüll, der endgelagert werden muss. Und eine Strahlenbelastung in der Umgebung, die die eines Leichtwasserreaktors mehrere Zehntausend Mal übertrifft. Die Wiederaufarbeitung erfordert außerdem zahlreiche prekäre Transporte hoch radioaktiver, zum Teil auch für die militärische oder terroristische Zweckentfremdung geeigneter Materialien.

Weil stets nur ein vergleichsweise geringer Anteil des auf der Welt in kommerziellen Kraftwerken erzeugten hoch radioaktiven Atommülls wiederaufgearbeitet wird und abgebrannte MOX-Brennelemente in aller Regel nicht noch einmal recycelt werden, ist vom atomaren Brennstoffkreislauf nur der Name geblieben. In der realen Welt ist dieser Kreis offen. Atomkraftwerke erzeugen neben Strom vor allem hoch, mittel und schwach radioaktive Abfälle, die zudem hochgiftig sind. Sie müssen für ungeheure Zeiträume sicher endgelagert werden. Wie lange, das bestimmt sich nach den naturgegebenen Halbwertszeiten der Radionuklide, die extrem unterschiedlich ausfallen: Das Plutonium-Isotop Pu-239 verliert seine halbe Radioaktivität erst nach 24.110 Jahren, das Kobalt-Isotop Co-60 bereits nach 5,3 Tagen.

Kein Ort für Endlager – nirgends

Mehr als ein halbes Jahrhundert nach dem Start der nuklearen Stromerzeugung gibt es auf der Welt kein einziges genehmigtes und betriebsbereites Endlager für hoch radioaktive Abfälle – ein Umstand, der das Bild vom atomaren Flugzeug populär machte, das gestartet ist, ohne dass sich irgendjemand Gedanken über die Landebahn gemacht hätte. Vergleichsweise kurzlebige und mittel oder schwach radioaktive Abfälle werden in einigen Ländern – zum Beispiel in Frankreich, den USA, Japan oder Südafrika – oberflächennah in speziellen Behältern gelagert. Deutschland hat die ehemalige Eisenerzgrube Schacht Konrad im niedersächsischen Salzgitter für eine Tiefenlagerung nicht Wärme entwickelnder Abfälle aus Atomkraftwerken sowie aus Forschungsreaktoren und dem medizinischen Einsatz auserkoren. Die frühere Erzgrube ist hierzulande das erste und einzige genehmigte Atomendlager in Deutschland und wird derzeit für die Einlagerung vorbereitet. 2014 soll es in Betrieb gehen.

Wie unbekümmert das Atommüllproblem anfangs angegangen wurde, belegt eine Äußerung des bereits zitierten Carl Friedrich von Weizsäcker aus dem Jahr 1969. Damals erklärte der Physiker und Philosoph zur Beseitigung atomarer Abfälle: »Das ist überhaupt kein Problem [...]. Ich habe mir sagen lassen, dass der gesamte Atommüll, der in der Bundesrepublik im Jahr 2000 vorhanden sein wird, in einen Kasten hineinginge, der ein Kubus von 20 Metern Seitenlänge ist. Wenn man das gut versiegelt und verschließt und in ein Bergwerk steckt, dann wird man hoffen können, dass man damit dieses Problem gelöst hat« (vgl. Fischer et al. 1989).

Dabei hat es von Beginn an auch andere, nachdenklichere Stimmen gegeben, wenn auch eher selten in der Öffentlichkeit. »Die unschädliche Abführung radioaktiver Abfälle ist eine Aufgabe, die gelöst werden muss, bevor der Bau eines Reaktors in der dicht besiedelten Bundesrepublik vertreten werden kann«, notierte nüchtern ein Bonner Ministerialbeamter nach einer interministeriellen Besprechung zur Vorbereitung des Atomgesetzes (vgl. Möller 2009). Das war im Februar 1955. Inzwischen sind in Deutschland 19 Leistungs- und Prototypreaktoren schon wieder stillgelegt, ohne dass die »unschädliche Abführung radioaktiver Abfälle« auch nur am Horizont erkennbar wäre. Die Frage, ob radioaktiver Müll überhaupt für Hunderttausende oder gar Millionen von Jahren sicher von der Biosphäre ferngehalten werden kann, ist letztlich eine philosophische. Sie sprengt das menschliche Vorstellungsvermögen. Die Zeit der Pyramiden liegt gerade einmal 5.000 Jahre zurück. Doch der hoch radioaktive Abfall, der im Jahr 2010 in deutschen Atomkraftwerken entsteht, muss auch im Jahr 10010 oder 100010 sicher gelagert sein. Dennoch gibt es keine Wahl: Weil der Atommüll existiert und es absolute Gewissheit in dieser Frage nicht geben kann, muss die nach heutigem Wissen beste technische Möglichkeit gesucht und gefunden werden.

Nur allmählich und zögerlich setzt sich in den größten Atomenergieländern die Erkenntnis durch, dass die Auswahl eines Endlagerstandorts nicht nur ein technisch-wissenschaftliches Problem darstellt. Keines der nationalen Standortauswahlverfahren, die zumeist in den 1970er-Jahren gestartet wurden, hat bisher zu einem genehmigten Endlager geführt. Der Grund: Viel zu lange wurden gesellschaftliche Widerstände, demokratische Partizipation und Transparenz bei der Standortwahl missachtet oder verweigert. Meist spielten bei der Suche nach einer geeigneten Deponie zudem sachfremde, politisch-strategische Überlegungen eine entscheidende Rolle. Im Versuch, aus diesen Fehlern zu lernen, wurde in Deutschland ein mehrstufiges Auswahlverfahren mit kontinuierlicher Beteiligung der Öffentlichkeit entwickelt und formuliert. Dass das Konzept, auf das sich Wissenschaftler aus dem Lager der Atomenergiebefürworter und dem der Gegner nach Jahren intensiver Debatten 2002 schließlich verständigten, realisiert werden konnte, erscheint derzeit so unwahrscheinlich wie nie. Die im Herbst 2009 gewählte Bundesregierung aus CDU/CSU und FDP will nicht noch einmal in die Endlagersuche einsteigen und hält am bereits seit den 1970er-Jahren vorbereiteten Endlager im Salzstock von Gorleben fest – obwohl große Zweifel an der geologischen Eignung insbesondere des Deckgebirges bestehen. Und obwohl in den vergangenen Jahren Zeitzeugen und gefundene Dokumente den Verdacht erhärten, dass bei der Standortentscheidung in den 1970er-Jahren politische Erwägungen eine große, wenn nicht entscheidende Rolle gespielt hatten – und nicht etwa wissenschaftliche Erkenntnisse über die Eignung des Salzstocks. Wer die »nach heutigem Wissen beste technische Möglichkeit« zur Endlagerung des Strahlenmülls sucht, muss logischerweise Alternativen vergleichen. Das ist jedoch nie geschehen und könnte zur Folge haben, dass die Gerichte gegen Gorleben entscheiden, wenn die Politik an dem umstrittenen Standort festhält. Jahrzehnte wären verloren, die Suche müsste von vorn beginnen. Ob die von der schwarz-gelben Bundesregierung seit 2009 verfolgte Strategie des Augenzu-und-durch letztlich zu einem genehmigten Endlager führt, ist mithin fraglich. Nicht fraglich ist, was der brachiale Versuch, Gorleben als Endlagerstandort durchzusetzen und gleichzeitig die Reaktorlaufzeiten zu verlängern, bewirken wird: das Wiederaufleben des Fundamentalkonflikts um die Atomenergie in Deutschland.

Anfang 2010 kam ein Rechtsgutachten der Deutschen Umwelthilfe zu dem Ergebnis, dass die von der Bundesregierung geplanten längeren Laufzeiten für Atomkraftwerke wegen der weiter ungeklärten Endlagerfrage gegen die Verfassung verstoßen (Ziehm 2010).

Dies ist umso wahrscheinlicher, weil der gemeinsame Versuch von Staat und Atomwirtschaft, im aufgegebenen Salzbergwerk Asse II bei Salzgitter schwach und mittel radioaktive Atomabfälle loszuwerden, nach nur 30 Jahren in einem epochalen Desaster zu enden droht. Wenn, wie Anfang 2010 vom Bundesamt für Strahlenschutz (BfS) vorgeschlagen, über zehn oder mehr Jahre fast 126.000 Fässer mit radioaktiven Abfällen aus dem vom »Absaufen« bedrohten Bergwerk geborgen, neu verpackt, zwischengelagert und irgendwann an einem anderen, geeigneteren Ort unter die Erde gebracht werden müssen, dann wird diese Transaktion zum milliardenteuren Sinnbild des Scheiterns einer Energietechnologie. Erstmals und voraussichtlich über eine volle Dekade werden dann Fernsehbilder in jede Wohnstube übermitteln, was es im Fall der Nukleartechnik bedeutet, wenn die Elterngeneration ihren Kindern und Enkeln Altlasten hinterlässt, die diese nicht zu verantworten haben.

Resignierend stellte die *Frankfurter Allgemeine Zeitung* am 16. Oktober 2009 nach der Entscheidung über das Auskoffern der Fässer fest: »Sicher ist, dass hier ein weiterer Nagel in den Sargdeckel der Kernenergie in Deutschland eingeschlagen wird.« Wer Atomkraftwerke betreibt, hat nach Paragraf 9 a des Atomgesetzes dafür zu sorgen, dass »anfallende radioaktive Reststoffe [...] geordnet beseitigt werden«. Das Gesetz verfügt dies unmissverständlich seit mehr als einem halben Jahrhundert. Wie, wo und vor allem wann der Gesetzesauftrag erfüllt wird, ist im Jahr 2010 fast so ungeklärt wie 1960. Dabei ist Deutschland in dieser Hinsicht nicht etwa ein irritierender Sonderfall – ganz im Gegenteil, die Situation ist in nahezu allen Ländern so, in denen Atomkraft kommerziell genutzt wird. Weit fortgeschritten sind derzeit nur die Endlagerpläne in Finnland, einem Land, das vier der 436 auf der Welt betriebenen Atomkraftwerke unterhält. Das in der Nähe von Olkiluoto an der finnischen Westküste weitgehend fertig gestellte Endlager in Granitgestein profitiert von der relativ hohen Akzeptanz in der örtlichen und regionalen Bevölkerung. Ein seit vielen Jahren am selben Standort ohne größere Zwischenfälle betriebenes Atomkraftwerk und ein Endlager, in dem bereits schwach und mittel radioaktive Abfälle eingelagert werden, haben die Mehrheit der Anwohner beruhigt. Das Endlager für hoch radioaktiven Atommüll soll 2020 in Betrieb gehen.

In keinem der Länder, die den weit überwiegenden Teil der Atomkraftwerke der Welt betreiben, ist jedoch ein Endlager für die gefährlichsten radioaktiven Stoffe in Sichtweite. Das gilt auch für die USA, wo 104 Meiler etwa 19 Prozent des Strombedarfs decken. Nach Jahrzehnten erbitterter Auseinandersetzungen wurden die Pläne für den Endlagerstandort Yucca Mountain (US-Staat Nevada) Anfang 2009 von der Obama-Administration eingefroren, weil nach wie vor Zweifel an der Langzeitsicherheit bestehen und weil die Größe des Lagers voraussichtlich nicht ausreicht, um den hoch radioaktiven Müll aufzunehmen, der sich über ein halbes Jahrhundert in den USA angesammelt hat und in der überschaubaren Zukunft noch ansammeln wird.

Der sogenannte Brennstoffkreislauf ist nicht nur an einer Stelle offen. Er erwies sich von Anfang an auch an seinem Startpunkt als hoch problematisch. Der Uranbergbau zur Gewinnung des Spaltstoffs für die Atombombe und die zivile Nutzung in Atomkraftwerken forderte vor allem in den frühen Jahren des Atomzeitalters immense Opfer. Große Mengen natürlicher radioaktiver Nuklide, die zuvor abgeschirmt unter der Erdoberfläche gebunden waren, gelangten in die Biosphäre. Bei einer Fortsetzung oder gar einer Ausweitung des Atomenergieeinsatzes werden die gesundheitlichen und ökologischen Folgekosten des Uranbergbaus voraussichtlich erheblich zunehmen.

Der Ansturm auf das zwar insgesamt nicht außergewöhnlich seltene, aber nur in wenigen Lagerstätten in abbauwürdiger Konzentration verfügbare Schwermetall Uran begann bald nach dem Zweiten Weltkrieg. Die verheerende Wirkung der US-amerikanischen Atombombenabwürfe über Japan hatte die Ambitionen der Siegermächte, sich den Zugriff auf die strategische

Ressource zu sichern, nicht etwa gebremst, sondern zusätzlich befeuert. Gewaltige Anstrengungen wurden unternommen, um den Zugang zu den Uranressourcen zu erweitern und abzusichern. Die Auswirkungen auf die Gesundheit der Minenarbeiter spielten eine untergeordnete Rolle. Die USA beuteten Minen im Inland und im benachbarten Kanada aus, die Sowjetunion forcierte den Uranbergbau in der DDR, der Tschechoslowakei, in Ungarn und Bulgarien. Tausende Bergarbeiter starben nach langjähriger Schwerstarbeit in schlecht belüfteten, staubigen und mit dem radioaktiven Gas Radon belasteten Stollen qualvoll an Lungenkrebs. Betroffen waren insbesondere Kumpel der ostdeutschen »Wismut«, wo zeitweise mehr als 100.000 Menschen beschäftigt waren. Weil sich die Urankonzentrationen in den Minen meist nur im Bereich von wenigen Zehntelprozent bewegten, fielen immense Mengen an radioaktiv strahlendem Abraum an. Mit der Konsequenz schwerer radiologischer Dauererbelastungen nicht nur der Bergleute selbst, sondern auch der Umgebung und der dort lebenden Menschen.

Die Situation verbesserte sich zunächst mit dem in den 1970er-Jahren einsetzenden Boom der nuklearen Stromproduktion. Regierungen waren fortan nicht mehr die einzigen Abnehmer des Spaltstoffs. Ein privater Uranmarkt konnte sich etablieren, sodass die militärisch-strategische Sonderstellung des Uranbergbaus nicht mehr als Rechtfertigung für besonders harte Abbaubedingungen dienen konnte. Mit dem Ende des Kalten Kriegs änderten sich die Verhältnisse noch einmal grundlegend. Die militärische Nachfrage nach Uran ging enorm zurück. Nicht mehr benötigte Lagerbestände der USA und der früheren Sowjetunion wurden in den zivilen Spaltstoffmarkt eingespeist. Außerdem standen wegen der Erfolge bei der atomaren Abrüstung bald auch große Mengen an Bombenuran mit hohem Spaltstoffanteil aus eingemotteten sowjetischen und amerikanischen Atomwaffen zur Verfügung. Die Folge war das wohl umfassendste jemals umgesetzte Programm zur Konversion von Kriegswaffen für den zivilen Wirtschaftskreislauf. Der brisante Bombenstoff wird in großem Stil mit natürlichem oder abgereichertem Uran (Uran-238, aus dem das spaltbare Isotop Uran-235 extrahiert worden war) »verdünnt« und anschließend als Brennstoff in konventionellen Atomkraftwerken eingesetzt. Infolge dieser Sondersituation am Uranmarkt brach der Weltmarktpreis für Reaktoruran massiv ein. Nur noch Lagerstätten mit vergleichsweise hohen Urankonzentrationen überlebten. Bis 2010 stammte fast die Hälfte des weltweit in Atomkraftwerken gespaltenen Urans nicht mehr aus angereichertem, »frischem« Uranerz, sondern aus der »kriegerischen« Hinterlassenschaft der Supermächte.

Allmählich gehen jedoch die militärischen Uranbestände aus der Zeit des Kalten Kriegs zur Neige. So hat bereits ein kräftiger Anstieg der Uranpreise eingesetzt, der sich voraussichtlich verstärken wird. Neben der Wiedereröffnung zwischenzeitlich stillgelegter Bergwerke müssten bei einem Weiterbetrieb der existierenden Atomkraftwerke oder gar bei einem Ausbau des globalen Reaktorarsenals neue, immer weniger ertragreiche Lagerstätten erschlossen werden – Lagerstätten also, die tendenziell immer weniger Uran und immer mehr prekären Abraum mit einem überdurchschnittlichen Gehalt an radioaktiven Isotopen produzieren. Das stellt ein riesiges Problem für die Gesundheit der Menschen und die Umwelt in den betroffenen Regionen dar.

Der vorhersehbare Engpass in der Uranversorgung verschärft sich aufgrund eines massiven Ungleichgewichts zwischen Förder- und Verbraucherländern. Weltweit sind Kanada und Südafrika die beiden einzigen Staaten, die die Atomenergie zur Stromproduktion einsetzen und nicht auf Uranimporte angewiesen sind. Die wichtigsten Atomkraftnationen verfügen entweder über so gut wie gar keine eigene Uranförderung (Frankreich, Japan, Deutschland, Südkorea, Großbritannien, Schweden, Spanien) oder über weniger Kapazitäten, als sie für den dauerhaften Betrieb ihrer Reaktoren benötigen (USA, Russland). Atomkraft ist bezüglich der Brennstoffversorgung fast nirgends auf der Welt eine heimische Energiequelle. Insbesondere Russland könnte schon bald in eine ernste Uranversorgungskrise geraten. Ein Umstand, der sich auf die Betreiber von Kernkraftwerken in der EU auswirken könnte, die rund ein Drittel ihres Brennstoffs aus Russland beziehen. Neben Russland könnten auch China und Indien in einen Versorgungsengpass geraten, wenn sie ihr Reaktorarsenal wie angekündigt ausbauen.

Nach all dem ist klar: Weder die Ver- noch die Entsorgung der Anfang 2010 weltweit betriebenen 436 Atomkraftwerke kann als dauerhaft gesichert gelten. Der in vielen Ländern diskutierte und von manchen Regierungen vorangetriebene Bau neuer Reaktoren würde die Probleme verschärfen. Weil die Uranvorräte knapp und größtenteils nur mit unverhältnismäßig hohem Aufwand zu fördern sind, müsste einer dezidierten weltweiten Ausbaustrategie sehr bald der endgültige Einstieg in die Plutoniumwirtschaft folgen – mit flächendeckender Wiederaufarbeitung abgebrannter Brennstoffe und dem Schnellen Brüter als Standardreaktor. Ein solcher Entwicklungspfad würde die atomaren Risiken der Gegenwart potenzieren. Er würde schließlich die Menge der zu lagernden hoch radioaktiven Abfälle vervielfachen. Die Endlagersuche müsste auf mehr Standorte mit einem insgesamt entsprechend größeren Einlagerungsvolumen ausgedehnt werden.

5 Fünfter Mythos: Atomkraft dient dem Klimaschutz

Die inzwischen gefestigten wissenschaftlichen Erkenntnisse und die weltweit zu beobachtenden Indizien lassen Zweifel an der Realität des Klimawandels eigentlich nicht mehr zu. Um das von der Weltgemeinschaft angestrebte Ziel einer Begrenzung der Klimaerwärmung auf zwei Grad Celsius gegenüber der vorindustriellen Zeit noch einhalten zu können, sind erhebliche Minderungen der Treibhausgasemissionen unabdingbar. In den Industriestaaten fordern die Klimaexperten Kohlendioxidreduktionen von 80 bis 95 Prozent bis Mitte dieses Jahrhunderts. In den bevölkerungsreichen, sich rasant entwickelnden Schwellenländern muss der massive Anstieg der Emissionen abgeschwächt, perspektivisch eingefroren und schließlich ebenfalls zurückgeführt werden. Wenn die Menschheit überleben soll, können Länder wie China, Indien, Indonesien und Brasilien das energieintensive, vorwiegend auf der Verbrennung fossiler Rohstoffe basierende Wohlstandsmodell der Industriestaaten des Nordens nicht mehr einfach kopieren. Noch viel weniger können diese so weitermachen wie bisher.

Dass die Verfechter der Atomenergie die Nukleartechnologie in dieser prekären Situation als Teil der Lösung ins Spiel bringen, kann niemanden überraschen. Auslösendes Element für die in vielen Industriestaaten wie auch in Schwellen- und Entwicklungsländern neu entflammte Auseinandersetzung um die künftige Rolle der Atomenergie ist ihr vermeintliches Potenzial zur Reduktion der globalen Treibhausgasemissionen. Diese Aussicht ist es, die die Befürworter nach Jahrzehnten der Stagnation und des Niedergangs der Nukleartechnik auf eine »Renaissance der Kernenergie« drängen und hoffen lässt. Atomkraftwerke erzeugen im Betrieb praktisch kein Kohlendioxid (CO_2). Den Anhängern der Atomenergie gelten sie deshalb als zwingend notwendiger Baustein zur Eindämmung der weltweiten Klimaerwärmung. »Eine Energie-Agenda, die über den Tag hinaus trägt«, sinnierte schon vor Jahren der Chef des Düsseldorfer Energiekonzerns E.on, Wulf Bernotat, »muss sich mit dem Zielkonflikt zwischen Atomausstieg und drastischer Reduzierung des CO_2-Ausstoßes befassen. Beides gleichzeitig geht nicht. Das ist pure Illusion« (*Berliner Zeitung*, 3. Dezember 2005). Wie viele andere Protagonisten der traditionellen Energiewirtschaft arbeitet der Chef des größten privaten Energiekonzerns der Welt damit am wichtigsten Argument zur Fortführung der nuklearen Stromerzeugung. Es lautet: Klimaschutz ist ohne den Einsatz der Atomenergie zum Scheitern verurteilt. »Ungeliebte Klimaschützer« lautete das Motto einer der aufwendigsten Werbekampagnen der Atomlobby in ihrer Geschichte. Die hübschen Motive sind noch in Erinnerung. Da erscheint ganz im Hintergrund das Atomkraftwerk Brunsbüttel in sanftes Sonnenlicht getaucht, während vorne auf dem Elbdeich friedlich die Schafe weiden. Der Text: »Dieser Klimaschützer kämpft 24 Stunden am Tag für die Einhaltung des Kyoto-Protokolls«. In Wirklichkeit kämpfte der Altreaktor seit dem Sommer 2007 über zwei Jahre lang mit technischen Problemen und Zweifeln an seiner Sicherheit – und lieferte nicht eine einzige Kilowattstunde Strom.

Wie grundlegend falsch die Propaganda ist, die die Atomenergie zum Klimaretter stilisiert, gerät erst allmählich in den Fokus der öffentlichen Aufmerksamkeit. Denn der Atomenergie fehlt im globalen Maßstab das Potenzial, einen spürbaren Beitrag zur Problemlösung zu leisten. Tatsächlich wird ihre Bedeutung für die Weltstromversorgung – aller Renaissance-Rhetorik zum Trotz – in den kommenden Jahrzehnten vorhersehbar dramatisch abnehmen. Zuletzt hat die Basler Prognos AG im Herbst 2009 darauf hingewiesen. In einer Analyse für das Bundesamt für Strahlenschutz (BfS) lieferten die Zukunftsforscher folgende, für die Atomwirtschaft ernüchternde Prognose: Danach wird der Nuklearanteil zur Deckung des Weltstrombedarfs von 14,8 Prozent im Jahr 2006 bis 2020 auf 9,1 und bis 2030 auf lediglich noch 7,1 Prozent schrumpfen (Prognos AG 2009). Darauf wird später noch zurückzukommen sein.

Wie die Atomenergie dem nachhaltigen Klimaschutz im Wege steht

Schon mit diesen wenigen Befunden steht fest: Atomenergie kann im Weltmaßstab schon mangels Masse kein Teil der Lösung des Klimaproblems sein. Dass sie andererseits mit der bevorstehenden Umstrukturierung des Weltenergiesystems sogar zu einem Teil des Problems wird, hängt damit zusammen, dass immer mehr Staaten die Wende hin zu einem Energiesystem auf Basis der unerschöpflichen Energien aus Sonne, Wind, Wasser, Bioenergie und Geothermie vorantreiben werden. In einer solchen Welt sind neue Atomkraftwerke letztlich nicht konkurrenzfähig. Vor allem aber wirken sie wie Bremsklötze auf dem Weg zu einer umfassenden Lösung des Klimaproblems.

Pikanterweise hat ausgerechnet der von Wulf Bernotat gesteuerte E.on-Konzern Wegweisendes zur Aufklärung beigetragen – wenn auch unfreiwillig. Anfang 2009 veranstaltete die britische Regierung eine Anhörung zu ihrer vorher präsentierten Ausbaustrategie für erneuerbare Energien. Der Plan strebt zur Umsetzung entsprechender EU-Vorgaben eine Erhöhung des Ökostromanteils auf zunächst fast ein Drittel der britischen Stromversorgung an. Dieser Anteil soll dann weiter wachsen. In dem schriftlichen Anhörungsverfahren meldeten sich auch E.on und der atomkraftfixierte französische Staatskonzern Électricité de France (EDF) zu Wort (UK Department for Business, Innovation and Skills 2008). Beide schlugen Alarm. E.on warnte davor, die erneuerbaren Energien »ohne Ende« zu fördern. Andernfalls sehe sich der Konzern nicht in der Lage, seine Neubaupläne für Atomkraftwerke auf der Insel umzusetzen. In der Stellungnahme legen die E.on-Lobbyisten der britischen Regierung eine Begrenzung des Ökostromanteils auf maximal ein Drittel nahe, also auf einen Wert, der in Deutschland nach den Plänen der schwarz-gelben Bundesregierung bereits um 2020 erreicht sein soll. Die EDF erläutert en détail, warum schon ein Ökostromanteil über 25 Prozent die eigenen Atomkraftwerk-Neubauambitionen in Großbritannien infrage stellen würde.

In Deutschland dagegen bestreiten E.on und Co. kategorisch die Existenz eines »Systemkonflikts« zwischen unstet eingespeistem Strom aus Wind und Sonne einerseits und Atomenergie andererseits. Das Motiv für die doppelzüngige Argumentation liegt auf der Hand: Was in Großbritannien den Reaktorneubau verhindern würde, soll in Deutschland, wo 2009 bereits 16 Prozent des Stroms regenerativ erzeugt wurden, nicht die von den Konzernen angestrebte Laufzeitverlängerung für ihre Altmeiler infrage stellen. Dabei ist unbestritten, dass Atomkraftwerke aus ökonomischen und sicherheitstechnischen Gründen es in Zukunft nicht schaffen werden, immer mehr unstet anfallenden Ökostrom und den ebenfalls starken Schwankungen ausgesetzten Strombedarf zur Deckung zu bringen. Atomkraftwerke liefern über Monate ihre maximale Leistung. Dafür wurden sie gebaut und nicht zuletzt deshalb sind sie für ihre Betreiber so lukrativ.

Zwar können heute einige Meiler im oberen Leistungsbereich herauf- und heruntergeregelt werden. Doch geht eine solche untypische Fahrweise der Atomkraftwerke zulasten ihrer Wirtschaftlichkeit, weil sie im sogenannten Lastfolgebetrieb mit beträchtlichem Aufwand weniger Strom produzieren und mithin verkaufen können. Und sie geht zulasten der Sicherheit, weil jede Veränderung der Reaktorleistung mit zusätzlichen mechanischen, thermischen und chemischen Belastungen wichtiger Kraftwerkskomponenten verbunden ist. Der französische Staatskonzern EDF bestätigt ebendies im Rahmen der bereits erwähnten Stellungnahme zur Erneuerbare-Energien-Strategie der britischen Regierung. Am Beispiel des Europäischen Druckwasserreaktors (EPR) erläutern die EDF-Autoren detailliert, warum Ökostrom auch in Zukunft nicht mehr als 25 Prozent zum britischen Stromaufkommen beitragen soll. Als Begründung werden die Grenzen der Leistungssteuerung der Atomkraftwerke angeführt. Selbst moderne Reaktoren wie der EPR können den natürlichen Schwankungen von Strom aus erneuerbaren Energien nur hinterherfahren, solange deren Beitrag zur Stromversorgung nicht sehr groß ist. In einem auf Nachhaltigkeit und Klimaschutz ausgerichteten Versorgungssystem stehen sich also Atom- und Ökostromtechnik gegenseitig im Weg.

Großbritannien ist mit einem Ökostromanteil von nur wenigen Prozent im Jahr 2010 allerdings noch weit entfernt davon. Anders Deutschland. Hierzulande sind die Konsequenzen des Systemkonflikts bereits heute spürbar. Und sie verschärfen sich mit jedem Jahr. Der Zeitpunkt ist absehbar, an dem die begrenzte Fähigkeit der Atomkraftwerke zur Leistungssteuerung nicht mehr ausreicht, um die steigenden Strommengen aus Wind und Sonne zu jeder Zeit im Netz ausregeln zu können. Schon mehrfach waren die Auswirkungen dieses Phänomens ganz konkret zu beobachten – und zwar an der Strombörse EEX in Leipzig. Dort stellen sich seit dem Herbst 2008 immer häufiger negative Strompreise ein. Das heißt, dass Stromversorgungsunternehmen für die Elektrizität, die sie erzeugen und ins Netz speisen wollen, bezahlen müssen. Diese zunächst absurd erscheinende Situation tritt immer dann ein, wenn über Deutschland eine kräftige Brise bläst und gleichzeitig der Strombedarf – typischerweise an Wochenenden oder Feiertagen – gering ist. So war es zum Beispiel an Weihnachten 2009. Volle elf Stunden lag der Spotmarktpreis unter der Nulllinie, zeitweise bei minus 120 Euro pro Megawattstunde. Über den gesamten 26. Dezember pendelte sich ein Durchschnittspreis von unter minus 35 Euro pro Megawattstunde ein. Für Betreiber großer Kraftwerke, die ihren Strom in einer solchen Situation trotzdem ins Netz speisen und an der Börse anbieten, laufen dabei schnell sechs- oder siebenstellige Summen auf. Dennoch scheint es für die Stromversorger bisher günstiger, für die Bereitstellung von Strom aus ihren sogenannten Grundlastkraftwerken, der eigentlich nicht benötigt wird, einige Stunden draufzuzahlen, als die Kraftwerkskolosse herunter- und wenig später wieder heraufzuregeln.

Die Konkurrenz zwischen Atomkraft und Erneuerbaren verschärft sich

Dass hier ein brisanter Konflikt droht, ist unbestritten. Die Stromerzeugung aus Anlagen für erneuerbare Energie wächst von Jahr zu Jahr. Immer häufiger werden sie bei entsprechenden Witterungsbedingungen einen immer größeren Teil der gesamten Stromnachfrage allein befriedigen können. Und immer häufiger müssen dann Großkraftwerke stunden- oder tageweise heruntergeregelt werden, jedenfalls solange im Stromnetz die Vorfahrtregel für Ökostrom fortbesteht. Was für die Konzerne Ende 2009 als unerfreuliche Weihnachtsüberraschung begann, wird zunehmend zu einem Alltagsphänomen und einer Bedrohung ihrer Dominanz. Bis 2020 soll sich der Ökostromanteil an der Stromversorgung von 16 Prozent im Jahr 2009 verdoppeln. Der Bundesverband Erneuerbare Energien (BEE) hält sogar eine Verdreifachung für möglich. Eine vom Kasseler Fraunhofer-Institut für Windenergie und Energiesystemtechnik (IWES) auf Basis dieser Prognose erstellte Simulation der Stromversorgung in Deutschland kommt zu dem Ergebnis, dass in unserem künftigen Stromsystem immer weniger für den Dauerbetrieb konzipierte Großkraftwerke Platz haben (Fraunhofer IWES 2009). Vor dem Hintergrund solcher Perspektiven werden die Atomkonzerne beinahe zwangsläufig ihre Lobbymacht gegen den weiteren Ausbau der erneuerbaren Energien einsetzen – und dies wird aus ihrer Sicht umso dringlicher sein, je mehr Atomkraftwerke dann noch am Netz sind. Mit einer Entscheidung für die Laufzeitverlängerung ist der nächste große Konflikt zwischen der schwarz-gelben Bundesregierung und den von ihr eigentlich begünstigten Konzernen vorprogrammiert.

Gegen längere Reaktorlaufzeiten spricht also nicht nur die Gefährlichkeit der Atomkraftwerke, sondern auch die Befürchtung, dass ihr Weiterbetrieb den Umbau des Energiesystems in

Richtung erneuerbare Energien bremsen und am Ende möglicherweise ganz stoppen kann.

Obwohl der »Systemkonflikt« zwischen Sonne und Uran in Deutschland schon heute viel stärker unter den Nägeln brennt als auf den britischen Inseln, scheint er bei Politikern noch weitgehend unbekannt. Nicht so bei den Ökonomen. Die Prognos AG hält es bei einem weiteren starken Ausbau der erneuerbaren Energien für wahrscheinlich, dass Atomkraftwerke immer öfter heruntergeregelt werden müssen (Prognos AG 2009). Der Sachverständigenrat für Umweltfragen der Bundesregierung (SRU) erklärte 2009 in einem Thesenpapier den Weiterbetrieb oder gar Ausbau von Großkraftwerken auf Basis von Kohle oder Uran mit dem gleichzeitigen Zubau von immer mehr erneuerbaren Stromerzeugungskapazitäten für nicht kompatibel. »Eine Systementscheidung muss getroffen werden. Es ist technisch und ökonomisch nicht sinnvoll, beide Pfade gleichzeitig zu verfolgen«, erklärten die Umweltweisen, um sich dann dezidiert für eine »Systementscheidung zugunsten der erneuerbaren Energien« auszusprechen. Die Konzerne selbst schweigen zu den Veröffentlichungen, weil sie fürchten müssen, dass in einer solchen Situation die ganze Absurdität der Debatte über Laufzeitverlängerungen für Atommeiler sichtbar wird. Umso mehr ist absehbar, dass sie ihren Kampf gegen den gesetzlichen Vorrang der erneuerbaren Energien im deutschen Stromnetz wieder aufnehmen, sobald die Laufzeitverlängerung beschlossen ist.

Aus all dem wird klar: Es geht beim Streit über das zukünftige Energiesystem, also über das Verhältnis von erneuerbaren Energien und Atomkraft, längst nicht mehr um ein Sowohl-als-auch, wie uns die Atomenergiepropaganda weismachen will. Es geht um ein Entweder-oder. Der »breite Energiemix«, den uns die Energiekonzerne wortreich andienen, funktioniert nicht. Er kann nicht funktionieren in einem System, in dem »die erneuerbaren Energien den Hauptanteil der Energieversorgung« übernehmen sollen. Das jedoch strebt die schwarz-gelbe Bundesregierung laut ihrem Koalitionsvertrag vom Oktober 2009 an. Gleichzeitig verspricht sie den Konzernen eine Laufzeitverlängerung für ihre Atomkraftwerke. Diese Rechnung wird nicht aufgehen. Die Bundesregierung versucht sich an der Quadratur des Kreises.

Wie Deutschland seine langfristigen energie- und klimaschutzpolitischen Ziele erreichen kann, hat der WWF in einer Studie unter dem Titel *Modell Deutschland – Klimaschutz bis 2050* ermitteln lassen (WWF Deutschland 2009). Die Botschaft der Untersuchung: Es geht, aber nur wenn sich alle Energiesektoren einem tief greifenden Umbau unterziehen und einige Bereiche – darunter der Stromsektor – binnen 40 Jahren annähernd CO_2-frei werden. Voraussetzung ist ein politischer Wille, der diesen Strukturwandel gegen Widerstände aus den traditionellen Wirtschaftssektoren durchsetzt. Wie in Deutschland geht es auch im globalen Maßstab im Kern um mehr Effizienz bei der Bereitstellung und beim Verbrauch von Energie. Das Gebot der Effizienz umfasst den Gebäudesektor, die Haushalte, natürlich auch die Industrieprozesse und den Verkehrsbereich. Es geht um die Umstellung von Kohle auf Erdgas für den Übergang und um immer mehr erneuerbare Energien aus Sonne, Wind, Wasser, Biomasse und Erdwärme, die am Ende weitgehend allein übrig bleiben werden. Ob, wann und wo auf der Welt die Clean-Coal-Technologie, also die Abtrennung und anschließende Lagerung des bei der Verbrennung von Kohle und Erdgas entstehenden Treibhausgases Kohlendioxid in tiefen geologischen Formationen in Zukunft einen spürbaren Beitrag leisten kann, muss sich erweisen.

Sicher ist, dass Atomenergie in diesem epochalen Umbauprozess aus vielen Gründen als »Verhinderungstechnologie« wirkt, wie es der Sachverständigenrat für Umweltfragen der Bundesregierung ausdrückt. Nicht nur, weil große Grundlastkraftwerke, den Umstieg auf erneuerbare Energien im Strombereich massiv behindern, sondern auch wegen der bestehenden Katastrophenrisiken sowie der Bindung gewaltiger Ingenieurleistungen und Finanzmittel, die dann für den Umbau des Energiesystems fehlen. Hinzu kommt, dass keine andere Technologie einer vergleichbaren Bedrohung ausgesetzt ist: Ein einziger schwerer Unfall oder terroristischer Angriff auf ein Atomkraftwerk würde genügen, um die Akzeptanz der Menschen für diese Technologie endgültig schwinden zu lassen. Voraussichtlich müsste ein Großteil der Reaktoren, mindestens in den demokratischen Staaten, vorzeitig abgeschaltet werden.

Ein atomarer Klimaschutz ist unrealistisch

Der Übergang vom gegenwärtigen Energiesystem auf Grundlage fossiler und atomarer Energieträger hin zur Vollversorgung durch erneuerbare Energien ist ohne Alternative, wenn die international langfristig angestrebten Klimaziele eingehalten werden sollen. Dieser Übergang ist mit heute bekannten und größtenteils verfügbaren Technologien machbar. Er ist umso kostengünstiger zu haben, je früher wir anfangen. Am Ende steht ein nachhaltiges Energiesystem, das beide Großrisiken, das der globalen Klimaänderung und das katastrophaler Atomunfälle, gleichermaßen minimiert. Der immer wieder behauptete Zielkonflikt zwischen einem wirksamen Klimaschutz und dem gleichzeitigen Verzicht auf Atomenergie erweist sich als eine interessengeleitete Erfindung der Verfechter der Atomenergie. Eine Wahl zwischen Teufel und Beelzebub ist vollkommen unnötig.

Mindestens zehn neue Atomkraftwerke müssten hierzulande errichtet werden, um über einen Ausbau der Atomenergie das Kohlendioxid-Reduktionsziel der schwarz-gelben Bundesregierung von 40 Prozent (gegenüber 1990) bis 2020 für den Stromsektor zu erreichen. Hinzu käme ein zusätzlicher Bedarf an Neubauten, um die bis dahin aus Altersgründen stillgelegten Meiler zu ersetzen. Schon 2002 hat eine Enquetekommission des Bundestags ermitteln lassen, wie ein CO_2-Reduktionsszenario bis 2050 auszusehen hätte, das größtenteils auf der Basis von Atomkraftwerken realisiert würde. Ein Arsenal von 60 bis 80 neuen Atomkraftwerken hielten die Wissenschaftler seinerzeit für nötig. Zum Vergleich: Anfang 2010 waren in Deutschland 17 Atomkraftwerke in Betrieb.

Angesichts solcher Zahlen allein für Deutschland bedarf es keiner ausgeprägten Fantasie, sich vorzustellen, welche ungewollten Folgen eine Atomstrategie zur Eindämmung des Klimaeffekts im Weltmaßstab hätte. Um den CO_2-Reduktionsanforderungen des Weltklimarats IPCC nachzukommen, müssten für einen spürbaren Effekt Tausende neue Reaktoren errichtet werden. Sie würden nicht mehr nur in 30 Staaten Strom und Katastrophenrisiken produzieren, sondern in 50, 60 oder mehr Ländern. Tausende potenzieller Katastrophenherde würden über den Globus verteilt, in Krisenregionen neue Ziele für kriegerische und terroristische Übergriffe geschaffen. Die Endlagerprobleme und die Gefahr der unkontrollierten Weiterverbreitung von Atomwaffen in allen Weltregionen würden eine neue Dimension erreichen. Nicht zuletzt müssten wegen der dann knappen Uranvorräte die heute üblichen Leichtwasserreaktoren sehr bald flächendeckend von einer noch riskanteren und noch verwundbareren Plutoniumwirtschaft mit Wiederaufarbeitung und Schnellen Brutreaktoren abgelöst werden. Und schließlich müssten enorme Finanzmittel statt für die weltweite Armutsbekämpfung für den Ausbau einer atomaren Infrastruktur eingesetzt werden.

Sechster Mythos:
Wir brauchen längere Laufzeiten

6

In Deutschland wird die Frage *neuer* Atomkraftwerke seit der Jahrtausendwende allenfalls von Außenseitern thematisiert, zu denen sich gelegentlich ein Roland Koch oder – bis zu seiner Berufung zum EU-Energiekommissar – ein Günther Oettinger gesellten. Doch selbst die Unionsgranden werden regelmäßig von Parteifreunden zurückgepfiffen. Im Dezember 2008 sogar von einem veritablen Bundesparteitag der eigenen Partei. Gegen den Willen der Antragskommission entschied die Mehrheit der Delegierten, dass neue Reaktoren hierzulande nicht mehr errichtet werden sollen. Es war zunächst ein wohlfeiler Beschluss ohne weitere Folgen. Denn selbst wenn ein Energiekonzern auf die Idee käme, in Deutschland ein neues Atomkraftwerk zu beantragen, könnte er es nicht. »Für die Errichtung und den Betrieb von Anlagen zur gewerblichen Erzeugung von Elektrizität [...] werden keine Genehmigungen erteilt«, heißt es in Paragraf 7,

Absatz 1 des 2002 von der rot-grünen Koalition im Bundestag verabschiedeten Atomausstiegsgesetzes. Und auch die 2009 ins Amt gewählte schwarz-gelbe Bundesregierung hält – vorerst – am Neubauverbot für Atomkraftwerke fest. Das stört die Atomkraftwerksbetreiber E.on, RWE, Energie Baden-Württemberg (EnBW) und Vattenfall Europe allerdings wenig. Denn auch ganz ohne gesetzliches Verbot würde auf absehbare Zeit kein Konzernlenker, der noch ganz bei Trost ist, in Deutschland ein solches Abenteuer eingehen. Statt satter Gewinne drohten Verluste ohne Ende.

Ganz anders verhält es sich mit den Reaktorlaufzeiten, die über die mit der früheren rot-grünen Bundesregierung vereinbarten Fristen hinausgehen. Hierfür streiten die Atomkraftwerksbetreiber unisono mit einer Intensität, als ginge es um das Überleben ihrer Unternehmen. Doch darum geht es mitnichten. Allerdings auch nicht um andere Motive, die die Konzernmanager zur Begründung regelmäßig vortragen: Es geht nicht um Klimaschutz, nicht um Versorgungssicherheit, nicht um Unabhängigkeit von Energieimporten und erst recht nicht um billigen Atomstrom für die Kunden. Tatsächlich geht es um nichts anderes als: um viel Geld und die Absicherung der Marktposition der dominierenden Unternehmen.

Um wie viel Geld es geht, haben Wissenschaftler immer wieder ermittelt, seit die Debatte um längere Laufzeiten, die eigentlich mit der Verabschiedung des Atomausstiegsgesetzes im Jahr 2002 hätte beendet sein sollen, wieder die Tagespolitik beschäftigt. Neuerdings rechnen auch Bankanalysten potenziellen Anlegern vor, wie reichlich der Geldsegen auf die Atomkraftwerksbetreiber niedergehen könnte, sollte die Bundesregierung ihre im Koalitionsvertrag angekündigte Rolle rückwärts tatsächlich vollführen. Im Sommer 2009 ermittelte die Landesbank Baden-Württemberg (LBBW) Bruttozusatzgewinne für die Konzerne zwischen 38 und über 233 Milliarden Euro. Dabei ergibt sich der untere Wert, wenn die Laufzeiten aller Reaktoren um zehn Jahre über die in der Ausstiegsvereinbarung vorgesehenen 32 Jahre hinaus verlängert werden und gleichzeitig der Börsenpreis des Stroms über die Zeitspanne insgesamt moderat bleibt. Der höchste Wert ergibt sich bei Laufzeitverlängerungen um 25 Jahre und hohen Strompreisen an der Börse. In Erwartung der opulenten Zusatzeinnahmen würde sich auch der Wert der vier Konzerne enorm erhöhen. Im Fall der EnBW könnte er sich sogar verdoppeln, so die LBBW-Autoren, die den Weiterbetrieb der Kraftwerke deshalb für sinnvoll halten.

Die enormen Summen erklären, warum den Konzernherren der mit ihrer Kampagne für den Weiterbetrieb alternder und störanfälliger Reaktoren zweifellos verbundene Imageverlust akzeptabel erscheint. Denn ganz umsonst ist die Abkehr vom vereinbarten Atomausstieg nicht zu haben. Schon seit Jahren rufen Atomkraftgegner und Umweltverbände etwa mit der Kampagne »Atomausstieg selber machen« die Kunden der Konzerne zum »Stromwechsel« hin zu Ökostromanbietern auf. Vattenfall Europe verlor auf diese Weise und infolge einer Störfallserie in den Atomkraftwerken Brunsbüttel und Krümmel mehrere Hunderttausend Kunden.

Der Wortbruch der Atomkonzerne

»Beide Seiten werden ihren Teil dazu beitragen, dass der Inhalt dieser Vereinbarung dauerhaft umgesetzt wird«, hatten Abgesandte der größten Energiekonzerne in der Vereinbarung mit der rot-grünen Bundesregierung über den Atomausstieg vom 14. Juni 2000 feierlich erklärt. Unter den Unterzeichnern war auch Gerald Hennenhöfer, der als Generalbevollmächtigter für Wirtschaftspolitik des E.on-Vorgängerkonzerns Viag die Vereinbarung mit ausgehandelt hatte und seit Herbst 2009 als Abteilungsleiter Reaktorsicherheit im Bundesumweltministerium die Rückabwicklung der Ausstiegsvereinbarung betreibt; ob dieser erneute Seitenwechsel des Juristen, der die Reaktorabteilung im Umweltministerium schon bis 1998 unter Angela Merkel leitete, rechtlich zulässig ist, ist Gegenstand politischer Auseinandersetzungen. Anlässlich der Unterzeichnung des Vertrags etwa ein Jahr nach der Paragraphierung meldete sich E.on-Vorstandschef Ulrich Hartmann zu Wort. Textprobe: »Politische Kompromisse sind auch eine Frage des Vertrauens [...]. Die Vereinbarung ist ein erster Schritt. Entscheidend ist, dass beide Seiten sich auch in Zukunft an ihren Inhalt und Geist gebunden fühlen. Wir sind dazu bereit.« Drei Jahre später bekräftigte EnBW-Chef Utz Claassen kategorisch, am Ausstieg werde unter keinen Umständen mehr gerüttelt: »Ich spekuliere nicht über eine veränderte Regierungszusammensetzung, das verbietet mein Respekt vor dem Bundeskanzler.« Vor der Bundestagswahl 2005 setzte Claassen noch eins drauf, als er zu einer möglichen Abkehr vom Atomkonsens versicherte: »Die Industrie kann nicht Planungssicherheit verlangen und dann infrage stellen, was sie selbst verhandelt, vereinbart und unterschrieben hat.«

Doch seit Umfragen eine atomfreundliche Regierungsmehrheit realistisch erscheinen ließen, war es um die unbedingte Vertragstreue der Atomkonzerne geschehen. Im Gleichschritt verabschiedeten sich E.on, RWE, EnBW und Vattenfall Europe von »Geist und Inhalt« des Vertrags, den ihre Chefs feierlich und gemeinsam mit den wichtigsten Repräsentanten des Staates unterzeichnet hatten. Und Deutschland wusste – schon Jahre vor der Finanzkrise –, dass in den Chefetagen einiger der mächtigsten Unternehmen des Landes nicht unbedingt ehrbare Kaufleute sitzen. Denn diese hätten einen Vertrag, der zweifellos auch den Wünschen der Mehrheit der Bevölkerung entspricht, selbst dann eingehalten, wenn er lediglich per Handschlag bekräftigt worden wäre.

»Deutsche Anlagen sind sicher«, verkündete der frühere Stahlunternehmer Jürgen Großmann, der seit 2007 den RWE-Konzern führt, nach der Bundestagswahl 2009. Mit 32 Jahren, wenn die deutschen Atomkraftwerke abgeschaltet werden sollen, seien sie »in ihren besten Jahren«. International üblich sei vielmehr »eine Laufzeit von 50 bis 60 Jahren«, fuhr der RWE-Chef ebenso beiläufig wie forsch fort. Die Tatsachen sehen anders aus: Die 130 bis Ende 2009 weltweit bereits endgültig abgeschalteten Atomkraftwerke hatten bei ihrer Stilllegung eine Durchschnittslaufzeit von rund 23 Jahren erreicht, die 2010 weltweit betriebenen Meiler weisen im Mittel ein Alter von 25 Jahren auf. Endgültige Abschaltungen nach über 40 Jahren gab es bisher nur eine Handvoll, 50 Jahre blieb noch nie ein Reaktor in Betrieb, geschweige denn 60 (Prognos AG 2009). So viel zur Faktentreue, wenn Jürgen Großmann um seine Altmeiler in Biblis kämpft.

Was bringt ein Abschöpfen der Extragewinne?

Vertreter von Union und FDP haben stets beteuert, die anvisierte Laufzeitverlängerung der Atomkraftwerke werde für die Begünstigten »nicht umsonst« zu haben sein. Wahlweise sollen Teile der dadurch erwirtschafteten Sonderprofite für die Erforschung oder Förderung der erneuerbaren Energien, zur Senkung der Strompreise oder andere bei den Bürgern vermeintlich beliebte Dinge eingesetzt werden. Die Reaktorbetreiber signalisierten nach der Installierung ihrer »Wunschregierung« im Herbst 2009 Entgegenkommen. Doch das war nicht immer so und Bundeskanzlerin und Bundesumweltminister täten gut daran, sich zu erinnern, dass die Konzerne sich schon unter Rot-Grün als nicht vertragstreu erwiesen haben. Als die Bundestagswahl 2005 nur wenige Tage vor dem Urnengang schon einmal für Schwarz-Gelb klar gewonnen schien, äußerte sich der bereits erwähnte Walter Hohlefelder, seinerzeit E.on-Vorstand und im Nebenamt Präsident des Deutschen Atomforums, freimütig zur Frage einer Teilabführung der Zusatzgewinne aus Laufzeitverlängerungen: Eine Gewinnabschöpfung sei »ordnungspolitisch völlig inakzeptabel«. Und: »Welches Interesse sollten wirtschaftlich agierende Firmen an längeren Laufzeiten haben, wenn wir dadurch keinen Gewinn machen?« (*Berliner Zeitung*, 9. August 2005).

Die 2009 ins Amt gewählte Koalition versichert, Atomkraftwerke nur noch eine begrenzte Frist als »Brücke« für den Übergang in das regenerative Zeitalter nutzen zu wollen. Es klingt überraschend: Aber das unterscheidet Schwarz-Gelb nicht von den rot-grünen Vorvorgängern, die im Jahr 2000 bekanntermaßen ebenfalls nicht den Sofortausstieg ausgehandelt haben, sondern einen schrittweisen Abschied von der Nukleartechnologie. Ein Abgleich der nach dem Atomausstiegsgesetz zu erwartenden »Abgänge« bei den Atomkraftwerken mit den regelmäßig für das Bundesumweltministerium erstellten Prognosen über den Zubau erneuerbarer Energien belegt, dass die Strommenge aus neuen Wind-, Solar- und Bioenergiekraftwerken den Verlust an Atomstrom bis zur Stilllegung des letzten Meilers stets deutlich übersteigen wird (BMU 2009). Die »Brückenfunktion« der Atomkraft in Deutschland endet also entsprechend dem 2002 beschlossenen Atomausstiegsgesetz zwischen 2020 und 2025. Es gibt außer den Gewinninteressen der Konzerne keinen ersichtlichen Grund, daran etwas zu ändern. Auch nicht die von Zeit zu Zeit herbeianalysierte vermeintliche Stromlücke. Sie wird sich nicht auftun, weil Kohle- und Gaskraftwerke mit ausreichender Leistung noch weit über den genannten Zeitraum hinaus am Netz bleiben und noch einige Neubauten hinzukommen werden.

Den Ausstieg aus der Atomenergie »smart« gestalten

Die eigentliche Herausforderung besteht zunehmend darin, den naturbedingt unsteten Ökostrom über das ganze Jahr zur richtigen Zeit am richtigen Ort zur Verfügung zu stellen. Dies wird gelingen, wenn die Stromnetze schrittweise um- und ausgebaut, die Netzkuppelstellen mit dem Ausland verstärkt, vorhandene Stromspeicher wie Pumpspeicherkraftwerke statt für überschüssigen Atomstrom zum Ausgleich von Windstrom eingesetzt werden und die Entwicklung neuartiger Stromspeichersysteme vorankommt (Solar-Institut Jülich / FH Aachen 2009). Diese Flankierung des Übergangs wird jedoch überhaupt nicht oder bestenfalls später vorankommen, wenn 20.000 Megawatt Leistung aus Atomkraftwerken nicht, wie vorgesehen, sukzessive vom Netz gehen, sondern es noch über Jahrzehnte verstopfen.

Im Straßenbau käme niemand auf die Idee, eine Brücke zu errichten, die den Weg zwischen A und B verlängert. Genau so verhält es sich aber mit den Laufzeiten alter Atomkraftwerke. Der Weg ins regenerative Zeitalter würde länger und aus dem Energiewendevorreiter Deutschland binnen weniger Jahre ein Nachzügler.

Siebter Mythos: Die Atomkraft erlebt eine Renaissance

Atomkraftwerke sind heute ein mehr oder weniger wichtiger Bestandteil der Elektrizitätsversorgung in den 30 Ländern, die sie kommerziell einsetzen. Sie gehören damit zur Basis der Ökonomie dieser Nationen. Deshalb entscheidet bislang vor allem die jeweilige Energiewirtschaft über die Zukunft – wenn nicht sachfremde strategische oder militär-strategische Interessen eine Rolle spielen. Und die tut es im Normalfall entlang nüchterner betriebswirtschaftlicher Erwägungen. Die Frage, ob die nukleare Stromproduktion einer Lizenz zum Gelddrucken gleichkommt oder doch eher zu einem Fass ohne Boden wird, beantwortet sich nach den Umständen: Produziert der Reaktor schon 20 Jahre zuverlässig Strom und besteht Grund zu der Annahme, dass er dies noch einmal so lange tut, trifft eher Ersteres zu – jedenfalls solange nicht eine jedem Nuklearbetrieb latent innewohnende Katastrophe tatsächlich geschieht. Muss das Atomkraftwerk aber erst errichtet werden und soll es noch dazu eine neue Baureihe eröffnen, empfiehlt es sich für jeden Investor, die Finger von einem solchen Projekt zu lassen. Es sei denn, es gelänge, die finanziellen Unwägbarkeiten auf Dritte abzuwälzen. Infrage kommen die Steuerzahler oder die Stromkunden. So verhält es sich im Prinzip weltweit – selbst wenn es der Staat selbst ist, der die Atommeiler baut, betreibt und vielleicht später entsorgt. Auch dann zahlen die Bürger irgendwann die Zeche.

Für Privatinvestoren, die sich heute für Investitionen im Kraftwerksbereich entscheiden müssen oder wollen, gehören Atomkraftwerke ganz offensichtlich nicht zur ersten Wahl. Das beweist schon die Empirie. Nach Statistiken der Wiener Atomenergiebehörde IAEA waren Anfang 2010 weltweit 436 Atomreaktoren mit einer elektrischen Nettoleistung von etwa 370.000 Megawatt in Betrieb. Der Zenit mit 444 Meilern wurde im Jahr 2002 überschritten, seither geht die Zahl allmählich und kontinuierlich zurück. In den USA, wo allein 104 Reaktoren am Netz sind, haben die Reaktorbauer seit 1973 keine Bestellung mehr entgegengenommen, die später nicht wieder annulliert wurde. Immerhin verfügen die USA seit 2007 über die weltweit älteste Reaktorbaustelle: Damals wurden die Arbeiten an Block 2 des Atomkraftwerks Watts Bar wieder aufgenommen. Bis 2012 soll der Reaktor fertig sein – 40 Jahre nach dem ersten Spatenstich. In Westeuropa (ohne Frankreich) warteten die Reaktorhersteller bis 2005 25 Jahre lang auf einen Auftrag für einen Neubau. Und auch jetzt sind es nur zwei: einer im finnischen

Olkiluoto und seit 2007 ein weiterer in Flamanville an der französischen Kanalküste.

Der Europäische Druckwasserreaktor (EPR) des Konsortiums Areva / Siemens entwickelte sich für alle Beteiligten in Rekordzeit vom Vorzeigereaktor der westlichen Atomlobby zum Alptraum. Die Kostenexplosion von anfangs drei Milliarden auf 5,4 Milliarden Euro (2009) und die Inbetriebnahmeverzögerung von bisher dreieinhalb Jahren (2012) führten dazu, dass sich Auftraggeber und Reaktorbauer nun vor einem europäischen Schiedsgericht um Milliardenbeträge streiten. Beim zweiten EPR zeichnen sich ebenfalls eine erhebliche Kostensteigerung und Zeitverzögerungen ab.

Kurz: Jenseits asiatischer – namentlich chinesischer – Staatsbaustellen bleibt die Auftragslage für die Hersteller von Nuklearanlagen weiter ernüchternd. Von den weltweit 56 Atomkraftwerken, die sich nach IAEA-Angaben Anfang 2010 in Bau befanden, entstehen zwei Drittel in Asien. China, wo Anfang 2010 insgesamt 20 Reaktoren im Bau waren, startete binnen zwei Jahren 15 neue Projekte. Bei acht der Neubauvorhaben, vor allem in Russland und Osteuropa, sind seit Baubeginn allerdings mehr als 20 Jahre vergangen. In anderen Zusammenhängen nennt man solche Baustellen: Bauruinen.

Die Erneuerbaren sind weltweit im Kommen

Die Analyse der Basler Prognos AG für das Bundesamt für Strahlenschutz wurde bereits erwähnt. Unter der Frage *Renais-*

sance der Kernenergie? untersuchten die Wissenschaftler auf Basis der globalen Planungen und Erfahrungen im Atomkraftwerksbau die tatsächlich zu erwartende Entwicklung. Das Ergebnis ist ebenso eindeutig wie für die Kernenergielobby niederschmetternd: Bis 2030 wird es keine Renaissance der Kernenergienutzung geben. Vielmehr erwarten die Prognos-Autoren, dass die Zahl der weltweit betriebenen Atomkraftwerke bis 2020 um fast ein Viertel und bis 2030 um knapp 30 Prozent zurückgehen wird (Prognos AG 2009). Infolgedessen wird der Anteil der Atomenergie an der Weltstromproduktion bis 2030 auf weniger als die Hälfte des Jahres 2006 schrumpfen. Atomkraft als Instrument gegen den Klimakollaps wird so zu einer Illusion. Dies umso mehr angesichts der explosionsartigen Entwicklung der Stromerzeugungskapazitäten von der Jahrtausendwende bis zur einsetzenden Finanz- und Wirtschaftskrise. Die installierte Kraftwerksleistung schnellte jährlich um etwa 150.000 Megawatt nach oben. Atomkraft hatte daran einen Anteil von knapp zwei Prozent. In den Jahren 2008 und 2009 nicht einmal mehr das. In diesem Zeitraum gingen weltweit zwei Atomkraftwerke mit einer Leistung von gut 1.000 Megawatt in Betrieb, vier Blöcke mit knapp 3.000 Megawatt Leistung wurden stillgelegt. Die im Aufbau befindliche Windindustrie brachte es in diesen beiden Jahren und trotz globaler Wirtschafts- und Finanzkrise auf fast 60.000 Megawatt neu installierte Leistung.

So marginal sich also die Rolle der Atomenergie angesichts eines gigantischen globalen Zubaus von Kraftwerkskapazität darstellt, so entschlossen kämpfen die Betreiber für den Weiterbetrieb der bestehenden Meiler weit über die ursprünglich von den Herstellern veranschlagten Laufzeiten von 25 bis 30 Jahren hinaus. Optimistisch erwartet die Internationale Energieagentur (IEA) in ihren Szenarien mittlere Laufzeiten von 45 Jahren für die existierende Reaktorgeneration. In den USA genehmigten die Aufsichtsbehörden in den vergangenen Jahren Laufzeiten von 60 Jahren für mehr als die Hälfte aller 104 Atomreaktoren. Entsprechenden Anträgen für die meisten der verbliebenen Meiler wird voraussichtlich ebenfalls stattgegeben. Mittlerweile diskutiert die Industrie über Laufzeiten von 80 Jahren. Das tatsächliche Durchschnittsalter der US-amerikanischen Reaktorflotte liegt im Jahr 2010 bei 30 Jahren.

Solange keine schweren Unfälle die Bilanz belasten, teure Reparaturen und lange Stillstandszeiten ausbleiben oder der Austausch zentraler Komponenten (z.B. der Dampferzeuger) aus Verschleiß- oder Korrosionsgründen notwendig werden, so lange kann Strom aus alten, abgeschriebenen Meilern der 1.000-Megawatt-Klasse konkurrenzlos günstig produziert werden. Eine Laufzeitverlängerung zögert das »dicke Ende der Atomenergie« hinaus – also die Stilllegung und den Abriss der großen Reaktoren und die damit zwangsläufig verbundenen Milliardenaufwendungen. Weil die Brennstoffkosten beim Betrieb von Atomkraftwerken weniger ins Gewicht fallen, rechnen die Unternehmen überall mit milliardenschweren Zusatzrenditen.

Mit einer möglichen Renaissance der Atomenergie hat das Geschacher um die Laufzeiten jedoch nichts zu tun. Eher ist das Gegenteil der Fall. Denn die Forderungen nach einer »Nachspielzeit« belegen, dass die Stromversorger aus ökonomischer Einsicht vor Investitionen in neue Atomkraftwerke zurückschrecken und lieber schnelles Geld mit alten Anlagen machen wollen. Sie tun das ohne Rücksicht auf die mit dem Alter wachsende Störanfälligkeit ihrer Reaktoren.

Der seit Jahrzehnten anhaltende Niedergang der Atomenergiekonjunktur ist somit keineswegs gestoppt. In den USA haben acht Jahre aggressiver Pro-Atomkraft-Politik der Bush-Administration nicht zu einem einzigen Neubauprojekt geführt. In Westeuropa gibt es ganze zwei Baustellen. Dessen ungeachtet werden seit Jahrzehnten Studien lanciert, die die Konkurrenzfähigkeit neuer Atomkraftwerke gegenüber anderen Stromerzeugungstechnologien belegen sollen. Ihr Manko: Glauben schenken diesen Prognosen allenfalls die Autoren und ihre Auftraggeber – nicht jedoch die potenziellen Finanziers neuer Kraftwerksvorhaben. Das ist der erste Grund für die große Unsicherheit im Hinblick auf die wahren Kosten einer neuen Generation von Atomkraftwerken. Es gibt keine verlässlichen Daten über die großen Kostenblöcke, insbesondere die Errichtungskosten, die Finanzierungs-, die Entsorgungs- und Abrisskosten. Das liegt daran, dass nahezu alle veröffent- lichten Schätzungen von Analysten mit deutlicher Skepsis bewertet werden. Denn diese Zahlenreihen stammen in aller Regel von den Herstellern, die Kraftwerke verkaufen möchten. Oder von Regierungen, Verbänden und Lobbygruppen, die die ungeliebte Atomenergie den Bürgern wenigstens über den angeblich zu erwartenden niedrigen Strompreis ans Herz legen wollen.

Doch es gibt auch objektive Probleme jenseits der Interessen: Weil bisher jede neue Reaktorbaureihe unter immensen Verzögerungen bei der Errichtung, kostentreibenden Kinderkrankheiten und lang andauernden Stillstandszeiten zu leiden hatte, mustern potenzielle Investoren die stets optimistischen Vorhersagen der Hersteller neuer Meiler mit äußerstem Unbehagen. Ihre Erfahrung: Ein halbes Jahrhundert lang hat die Atomindustrie stets viel versprochen und wenig gehalten. In den USA wurde von über 250 bestellten Reaktoren fast die Hälfte später wieder storniert, vor allem weil sich die Kosten bei den schließlich in Betrieb genommenen Kraftwerken im Mittel mehr als verdoppelt hatten. Das Magazin *Forbes* nannte den Niedergang der US-Atomwirtschaft Mitte der 1980er-Jahre »die größte Managementkatastrophe der Wirtschaftsgeschichte«. Von 1.000 Atomkraftwerken, die die US-amerikanische Atomic Energy Commission (AEC) in den 1970er-Jahren für die Jahrtausendwende erwartete, wurden nur rund 13 Prozent realisiert. Ähnliche Erfahrungen machten auch die Reaktorbauer in Westeuropa und die Staatswirtschaften Osteuropas.

Die »Performance« eines neuen Kraftwerks ist seriös nicht vorherzusagen. Noch viel mehr gilt dies für neue Reaktortypen, die auf weitgehend unerprobter Technik basieren. Die New Yorker Ratingagentur Moody's erwartet laut einer im Sommer 2009 veröffentlichten Untersuchung, dass Stromversorger, die Neubaupläne für Atomkraftwerke vorantreiben, wegen der damit verbundenen unkalkulierbaren Risiken regelmäßig herabgestuft werden. Während neue Technologien – auch jenseits des Segments der Kraftwerkstechnik – sich normalerweise auf einer »Lernkurve« relativ kontinuierlich und vorhersagbar zu immer günstigeren Preisen bewegen, fangen die Reaktorhersteller mehr als ein halbes Jahrhundert nach dem Start der kommerziellen Kernspaltung immer wieder von vorne an. In den 1970er- und 1980er-Jahren konstruierten die Reaktorhersteller deshalb immer größere Meiler – in der Hoffnung, sie würden den Strom insgesamt kostengünstiger produzieren als kleinere Einheiten. Doch gelöst hat das Ausweichen auf die »Economy of Scale« das Problem nicht. Ein Trend zu kostengünstigeren Reaktoren blieb über die Jahrzehnte ein uneingelöstes Versprechen der Reaktorhersteller. Nicht nur sicherheitstechnisch, auch finanztechnisch ist Atomkraft nach wie vor eine Hochrisikotechnologie.

Subventionen gegen die nukleare Depression

Dies gilt insbesondere für die USA. Acht Jahre lang hat die Bush-Administration alles versucht, die Stromversorger im Land zum Reaktorneubau zu motivieren. Von bis zu 300 neuen Atomkraftwerken bis 2050 war die Rede. Doch die Wiedergeburt der Atomindustrie lässt auf sich warten (Squassoni 2009). Seinem Nachfolger Barack Obama hinterließ George W. Bush ein ganzes Bündel opulenter Subventionszusagen an die zögernden Stromversorger. Als wichtigste gelten Staatsbürgschaften über 80 Prozent der gesamten Projektkosten für die ersten neu errichteten Meiler. Damit wird das immense Kostenrisiko beispielsweise durch die regelmäßigen Verzögerungen beim Bau neuer Atomkraftwerke von den Stromversorgern und den Reaktorherstellern auf die Steuerzahler abgewälzt. Darüber hinaus sollen gezielte Steuerabschläge den Strompreis aus neuen Atomkraftwerken künstlich drücken. Das Genehmigungsverfahren wurde verschlankt. Der Staat übernimmt einen Großteil der Genehmigungskosten. Die Haftung der Unternehmen im Fall von Unfällen wurde weiter beschränkt. Schließlich wurde auch noch Hilfe aus dem Ausland avisiert: Die Regierungen Japans und Frankreichs stellten eigene Subventionen für amerikanische Reaktoren in Aussicht, sollten sich Investoren aus den beiden Ländern am Bau beteiligen.

Und dennoch: Als ein Rundum-sorglos-Paket mag die US-Atomindustrie das alles nicht empfinden. Im Gegenteil, sie erklärte die breit gefächerten Staats- und Starthilfen umgehend für nicht ausreichend. Um eine wirkliche Renaissance auszulösen, müssten zusätzlich Kohle- und Gaskraftwerke mit einer CO_2-Steuer belastet werden. Wettbewerbsfähig gegenüber fossilen Kraftwerken würden neue Atomkraftwerke erst ab einem CO_2-Preis von 100 Dollar pro Tonne, ermittelte das Massachusetts Institute of Technology (MIT) schon 2003. Der wissenschaftliche Dienst des US-Kongresses errechnete im Jahr 2008 Strompreise für Elektrizität aus neuen Atomkraftwerken, die höher liegen als die aller konkurrierenden CO_2-armen Techniken mit Ausnahme der Solarenergie – und deren Preise sinken auch in den USA rapide (Kaplan 2008). Spätestens da war klar, dass alle Subventionen nicht helfen würden ohne gleichzeitige drastische Verteuerung der fossilen Konkurrenz über CO_2-

Steuern oder ein Emissionshandelssystem. Selbst für diesen Fall blieben moderne Gaskraftwerke nach den Kongressanalysen günstiger. Eigentlich ist eine eingeführte Technologie, die für ihre Wettbewerbsfähigkeit in einem solchen Umfang Staatshilfen beanspruchen muss, ökonomisch mausetot.

Doch auch Barack Obama und sein Energieminister Steven Chu haben die Option Atomkraft nicht grundsätzlich verworfen. Im Haushalt für das Jahr 2011 sind Kreditgarantien in Höhe von 54 Milliarden Dollar für den Bau neuer Reaktoren eingeplant – ein Tribut an die mächtige Anti-Klimaschutzkoalition in den USA. Allerdings rechnet niemand damit, dass die aktuelle Administration die Pro-Atom-Politik vergleichbar aggressiv fortführen wird wie die Regierung von George W. Bush. Für das Jahr 2010 hat Obama, wie erwähnt, sämtliche Haushaltsmittel zur Errichtung des umstrittenen Endlagerprojekts Yucca Mountain gestrichen. Selbst wenn sich dies wieder ändern sollte, bleibt die Frage der Langzeitsicherheit, die nach wie vor ungeklärt ist. Noch dazu haben Hochrechnungen im Jahr 2009 ergeben, dass die Kapazität des bisher beantragten Endlagers nicht einmal ausreicht, um den zivilen Atommüll aufzunehmen, der bis 2020 anfallen wird – ganz zu schweigen von Strahlenabfällen aus militärischer Nutzung und den Rückständen aus dem Atomkraftwerksbetrieb, die nach 2020 weiter auflaufen werden.

Zwar hat die US-Atomaufsichtsbehörde NRC Anfang 2009 eine Liste mit 17 Genehmigungsanträgen für 26 Reaktorblöcke veröffentlicht. Doch niemand, auch nicht die amerikanische

Atomindustrie selbst, glaubt, dass mehr als eine Handvoll Reaktoren verwirklicht werden – wenn überhaupt. Die Verunsicherung potenzieller Investoren ist gewaltig, wofür auch Analysen und Prognosen der Wall Street und anderer unabhängiger Experten verantwortlich sind. Sie warten mit immer dramatischeren Kostenschätzungen auf. Berechnungen aus jüngster Zeit gehen im Mittel von viermal höheren Baukosten gegenüber den Summen aus, die zu Beginn der Renaissance-Diskussion genannt worden waren. In einer Wirtschaftlichkeitsanalyse, die Mark Cooper von der Vermont Law School im Sommer 2009 veröffentlichte, kommt der Autor zu dem Schluss, Atomkraft sei die mit Abstand »schlechteste Option«, um die Herausforderungen der Energieversorgung in den USA zu meistern (Cooper 2009). Danach würde Strom aus Atomreaktoren mit zwölf bis 20 Cent pro Kilowattstunde zu Buche schlagen, während durch Investitionen in Energieeffizienz und erneuerbare Energien der Strompreis auf durchschnittlich sechs Cent sinken würde. Würden bis 2050 nur 100 neue Atomkraftwerke errichtet – eine Zahl, die gerade ausreicht, die aktuelle Reaktorflotte zu ersetzen – würde dies die amerikanische Gesellschaft über die Lebenszeit der Meiler gerechnet die ungeheure Summe von 1,9 bis 4,4 Billionen Dollar mehr kosten als eine Energiestrategie, die sich auf Effizienz und erneuerbare Energietechnologien konzentriert.

Dass die ernüchternden wirtschaftlichen Aussichten jenseits des Atlantiks nicht der Schwarzmalerei notorischer Atomkraftkritiker entspringen, können die Amerikaner derzeit in Finnland und Frankreich verfolgen, wo seit 2005 beziehungsweise 2007 die beiden einzigen neuen Reaktoren Westeuropas errichtet werden. Auch der Prototyp des Europäischen Druckwasserreaktors (EPR), der als dritter Block des Atomkraftwerks Olkiluoto entsteht, geht nicht auf die Initiative der finnischen Stromwirtschaft zurück, sondern auf das Drängen der Politik. Treibende Kraft war der seit zwei Dekaden stetig wachsende Stromhunger, der Finnland gegenüber dem EU-Durchschnitt einen mehr als doppelt so hohen Pro-Kopf-Stromverbrauch bescherte. Gleichzeitig nahm in der Politik die Sorge zu, bei der Elektrizitätsversorgung in eine zu große Abhängigkeit von russischem Gas zu geraten, sowie die Befürchtung, die nationale Klimaschutzverpflichtung im Rahmen des Kyoto-Protokolls ohne zusätzliche Atomkraft nicht einhalten zu können. Den Auftrag an das französisch-deutsche Herstellerkonsortium Areva/Siemens erteilte schließlich der Stromversorger Teollisuuden Voima Oy (TVO), der sich zu großen Teilen in öffentlicher Hand befindet.

Mit dem Olkiluoto-Projekt wollte die internationale nukleare Community zweierlei beweisen. Erstens, dass ein über fast 20 Jahre konzipiertes Kraftwerk zweier europäischer Industrieschwergewichte irgendwann auch realisiert wird. Und zweitens, dass Atomkraft in einem liberalisierten Strommarkt wieder ein lohnendes Investment sein kann. Doch hier waren von Anfang an Zweifel angebracht. Denn die Finanzierung wurde durch eine Konstruktion ermöglicht, bei der die rund 60 Teilhaber, zumeist Elektrizitätsversorger, im Gegenzug zu ihren Beteiligungen Abnahmegarantien für den später in dem Reaktor erzeugten Strom zu vergleichsweise hohen Preisen zeichneten. Außerdem vereinbarten TVO und das Herstellerkonsortium einen Fixpreis für den »schlüsselfertigen« Meiler, der sich auf drei Milliarden Euro belaufen sollte. Eine solche, für den Käufer ausgesprochen attraktive Vertragsgestaltung war möglich, weil Areva / Siemens um jeden Preis eine Bauentscheidung brauchte. Schon vor dem ersten Spatenstich war abzusehen, dass der Reaktorbauer einen ausgesprochen kühnen Kalkulationsrahmen setzte, um den Prototypreaktor gegenüber fossilen Kraftwerken und anderen Bietern aus dem Atomsektor auf die Siegerstraße zu bringen.

Zunächst wurde die Reaktorleistung schon während der EPR-Entwicklung in den 1990er-Jahren immer weiter erhöht. Allein die Größe sollte für Wirtschaftlichkeit sorgen. Nun ist der EPR mit einem projektierten Stromoutput von 1.600 Megawatt das mit Abstand leistungsstärkste Atomkraftwerk der Welt. Doch die Prognosen, die den Reaktor im Bieterverfahren gegenüber anderen, auch nicht nuklearen Optionen, konkurrenzfähig machten, haben sich mittlerweile als noch illusionärer erwiesen, als dies selbst Atomkraftgegner prophezeit hatten. Neben der bereits erwähnten mindestens dreijährigen Bauzeitverzögerung und einer Kostenexplosion von rund 80 Prozent sind voraussichtlich auch andere Vorgaben nicht einzuhalten. So wurde bei den Wirtschaftlichkeitsberechnungen von einer Verfügbarkeit von 90 Prozent über die gesamte Lebenszeit ausgegangen – ein Wert, den eine Pilotanlage noch nie auch nur annähernd erreicht hat. Ebenso wenig wie die veranschlagte Laufzeit von 60 Jahren. Damit steht lange vor Vollendung des Projekts fest: Olkiluoto 3 hätte sich mit den inzwischen eingetretenen veränderten Rahmendaten niemals gegen die konkurrierenden nicht nuklearen Alternativen durchsetzen können. In anderen Wirtschaftsbereichen gibt es für eine derartige Angebotsgestaltung einen klaren Begriff: Dumping.

In dieses Bild passten auch die Finanzierungsmodalitäten des Reaktorprojekts, die geprägt waren vom Interesse der Herkunftsländer der Hersteller Areva und Siemens. Die Bayerische Landesbank mit Sitz in München und zu 50 Prozent im Besitz des Freistaates Bayern, wo auch Siemens seinen Hauptsitz hat, war Partner eines internationalen Konsortiums, das den finnischen EPR mit einem zinsverbilligten Kredit (berichtet wurde von einem Zinssatz von 2,6 Prozent) in Höhe von 1,95 Milliarden Euro unterstützte. Die französische Regierung griff Areva mit einer Exportkreditgarantie in Höhe von 610 Millionen Euro über die Agentur Coface unter die Arme. Es kann also bezweifelt werden, ob es ohne staatliche Stützungsmaßnahmen jemals zu einer Entscheidung für die Investition in das Atomkraftwerk gekommen wäre.

Dieses Problem stellte sich bei der zweiten EPR-Baustelle an der Normandieküste bei Flamanville erst gar nicht. Hier errichtet das Staatsunternehmen Areva für den staatlichen Stromversorger Électricité de France (EDF) den Druckwasserreaktor. Wie in Finnland laufen die Kosten aus dem Ruder. Anfang 2010 lag die Baustelle laut Zeitungsberichten zwei Jahre hinter Plan zurück. Nummer drei und vier der EPR-Baureihe sollen in China entstehen – also unter den Bedingungen einer Staatswirtschaft.

Infolge der enormen Unsicherheiten beim Bau von Atomkraftwerken sind Stromversorger und Reaktorbauer, sofern sie nicht selbst in Vorlage treten können oder wollen, gezwungen, Risikokapital anzulocken, zu entsprechend hohen Preisen. Die Kapitalkosten werden so neben den Baukosten zum zweiten großen Brocken bei der Finanzierung eines Atomkraftwerks. Auch dieses Problem hat sich mit der Deregulierung der Energiemärkte in wichtigen Industriestaaten zugespitzt. Die Finanz- und Bankenkrise hat die Lage weiter verschärft, auch weil infolge des Wirtschaftseinbruchs die Nachfrage nach Strom deutlich zurückging.

Früher war alles besser – jedenfalls für diejenigen, die Atomkraftwerke bauen, kaufen oder finanzieren wollten. Während die Investoren zu Zeiten staatlich abgesicherter monopolistischer Elektrizitätsversorger davon ausgehen konnten, dass ihr Kapital auch bei schlechter Performance eines Meilers letztlich immer von den Stromverbrauchern refinanziert werden würde, ist das in einem liberalisierten Strommarkt keineswegs mehr sicher. Atomkraft mit ihren exorbitant hohen Anfangsinvestitionen und Jahrzehnte dauernden Kapitalrücklaufzeiten passt nicht zu liberalisierten Märkten. Die Kapitalkosten explodieren – sofern die potenziellen Finanziers es nicht gleich vorziehen, in andere Technologien zu investieren, die diese Probleme nicht kennen. So war es in vielen Ländern, in denen hocheffiziente Gaskraftwerke in den vergangenen Dekaden einen anhaltenden

Boom erlebten: Die Errichtungskosten pro installierter Kilowattstunde erwiesen sich als entscheidend niedriger, die Frist zwischen Auftragsvergabe und Betriebsbeginn ist kurz, die Anlagenkomponenten werden größtenteils in Fabriken in Serie gefertigt. Weil darüber hinaus die Brennstoffkosten für Erdgas, die an den Gesamtkosten einen höheren Anteil ausmachen als Uran in Atomkraftwerken, lange Zeit vergleichsweise günstig waren, hatten Atomkraftwerke praktisch keine Chance. Inzwischen liegt zwar der Erdgaspreis höher, doch gleichzeitig sind auf dem Gebiet der Erneuerbare-Energien-Technologie große Fortschritte zu erreichen. Der Zeitpunkt, an dem es für die Finanzwirtschaft flächendeckend lohnender erscheint, in diese Schlüsseltechnologien des 21. Jahrhunderts statt in neue Reaktorlinien zu investieren, ist vielerorts schon erreicht. Auch dies wird es für potenzielle Reaktorbauer zunehmend erschweren, das dafür notwendige Investitionskapital zu generieren.

Das Ende vom Mythos Atomkraft

Wir haben gesehen: Ein ganzes Bündel von Unwägbarkeiten macht Atomkraftwerke für Investoren zu einem Vabanquespiel. So sind die Fristen zwischen der Investitionsentscheidung und dem Start des kommerziellen Betriebs bei keiner anderen Kraftwerkstechnologie auch nur annähernd so lang. Prognos rechnet mit einem weltweiten Durchschnitt von acht Jahren reiner Bauzeit. Es kann immense Planungsprobleme geben, Verzögerungen bei der Genehmigung, weil die zuständigen Behörden unter öffentlicher Beobachtung besonders penibel vorgehen, weil neue, sicherheitsrelevante Erkenntnisse eine Revision der Genehmigungsmodalitäten notwendig machen oder Atomkraftgegner vor den Gerichten obsiegen. Die Bauentscheidung über den bislang letzten britischen Reaktor Sizewell B beispielsweise fiel 1979, der kommerzielle Betrieb startete 16 Jahre später.

Im Gegensatz zu den meisten anderen Kraftwerkstechnologien fallen bei Atomkraftwerken auch noch nach dem Betrieb über Jahrzehnte hohe Kosten an: für die Entsorgung der radioaktiven Abfälle, für die Überwachung der stillgelegten Meiler, schließlich für den Abriss der Reaktoren nach einer mehr oder weniger langen »Abklingzeit«. All diese Mittel müssen während des Betriebs verdient und für den viel späteren Einsatz zurückgelegt werden. Die Kosten, die dafür und für die Versicherung gegen mögliche Unfälle aufgewendet werden müssen, unterscheiden sich von Land zu Land. Erschwert wird ihre Schätzung insbesondere dadurch, dass die normale Abdiskontierung (Abzinsung) über die hier erwarteten Zeiträume nicht funktioniert. Bei einer Diskontrate von 15 Prozent sind Kosten, die 15 Jahre oder später anfallen, zu vernachlässigen. Da diese Kosten aber früher oder später garantiert anfallen werden, stellen sie eine weitere Quelle der Unsicherheit im Hinblick auf die Reaktorfinanzierung und die Berechnung der Stromerzeugungskosten dar.

Dass die Zahl der Neubauprojekte trotz all dieser Schwierigkeiten in den vergangenen Jahren dennoch leicht gestiegen ist, ist, wie erwähnt, allein den asiatischen Ländern und insbesondere China zuzuschreiben, wo Anfang 2010 20 Baustellen existierten. Tatsächlich liegen die Bauzeiten in China mit sechs Jahren klar unter dem globalen Durchschnitt. Doch selbst wenn China die 50 bis 60 Reaktorblöcke, die bis 2030 geplant sind, tatsächlich ans Netz bringt, werden diese Kraftwerke nach ihrer Fertigstellung kaum mehr als vier Prozent des chinesischen Strombedarfs liefern.

Die Auftragsbücher bei den wenigen verbliebenen westlichen Herstellern bleiben hingegen bis auf Weiteres ziemlich leer, auch weil China immer stärker auf eigene Technik setzt. Jenseits der Debatte über verlängerte Reaktorlaufzeiten passiert außerhalb Asiens wenig. Von konkreten neuen Projekte ist in den meisten interessierten Ländern nichts zu sehen, trotz des »Hypes« in den Zeitungen. So wird die Debatte über eine Renaissance der Atomenergie – mehr noch als von den Reaktorherstellern oder Stromversorgern – von Politikern und Publizisten vorangetrieben, die glauben, mit Atomkraft und unter Beibehaltung althergebrachter energiewirtschaftlicher Strukturen kurzfristig Klimaschutzverpflichtungen besser einhalten oder Stromengpässen entgehen zu können. Diese Konstellation bleibt nicht ohne Folgen. Denn je intensiver Politik und Öffentlichkeit auf eine Wiederbelebung der Nukleartechnik drängen, umso unverkrampfter fordern die potenziellen Investoren staatliche Hilfestellung.

Ganz offensichtlich sind neue Atomkraftwerke nur dort konkurrenzfähig, wo Subventionen in enormer Höhe zugeschossen werden. Oder in Staaten, in denen die Nukleartechnologie Teil der Staatsdoktrin ist, die Kosten also eine untergeordnete Rolle spielen. Wo auch immer in Zukunft in einem funktionierenden marktwirtschaftlichen Umfeld ein Reaktorneubau ins Auge gefasst wird, muss deshalb damit gerechnet werden, dass die Investoren staatliche Hilfe nach dem Muster der für die USA geschilderten Subventionen in Anspruch nehmen: zur Absicherung gegen Kostensteigerungen beim Bau, gegen unerwartet lange Stillstandszeiten während des Betriebs, bei Schwankungen der Brennstoffkosten und wegen der nur schwer zu kalkulierenden Stilllegungs-, Abriss- und Entsorgungskosten. Schließlich werden Staaten die Folgen jedes schweren Unfalls mit massiver Freisetzung von Radioaktivität weitgehend allein bewältigen müssen. Kein Unternehmen der Welt kann das allein. Versicherungen übernehmen nur einen – von Land zu Land unterschiedlichen, angesichts der zu erwartenden Gesamtkosten aber in jedem Fall eher lächerlichen – Teil der Schäden.

Wir haben gesehen: auch ökonomisch nimmt die Atomtechnik eine einzigartige Sonderrolle ein. Mehr als ein halbes Jahrhundert nach ihrem mit Milliardensubventionen gezündeten kommerziellen Start verlangen, benötigen und erhalten ihre Protagonisten für den geplanten Neustart weitere staatliche Subventionen in Milliardenhöhe – gerade so, als gehe es um die Anschubfinanzierung zu ihrer Markteinführung. Gefordert und befürwortet wird dieses außergewöhnliche Vorgehen erstaunlicherweise auch und besonders von Politikern, die sonst gar nicht laut genug nach »mehr Markt« rufen können. Es sind dieselben, die in vielen Industriestaaten mit Argumenten aus der reinen Marktlehre viele Jahre gegen Markteinführungshilfen für die erneuerbaren Energien aus Sonne, Wind, Wasser, Biomasse oder Geothermie zu Felde zogen. Es gab und gibt jedoch einen entscheidenden Unterschied: Atomenergie hat ihre Zukunft hinter sich, die Erneuerbaren haben sie vor sich.

Vor der Entscheidung: Die Zukunft der Energieversorgung

Unter dem Eindruck der Klima-, der Ressourcen- und der Finanzkrise erlebt die Diskussion über die Atomenergie in einigen wichtigen Staaten eine Neuauflage. Angeheizt von Reaktorherstellern und ihren politischen und publizistischen Lautsprechern, ist die These von der »Renaissance der Kernenergie« auch Ausdruck einer Entscheidung von fundamentaler Tragweite. Die große Mehrzahl der während der ersten und bis heute letzten großen Kernenergiekonjunktur weltweit errichteten Atomkraftwerke nähert sich ihrer technischen Altersgrenze. In den kommenden zehn Jahren – und zugespitzter noch in der darauf folgenden Dekade – muss die laut Plan rasch abnehmende nukleare Kraftwerkskapazität ersetzt werden. Zur Debatte stehen der rasante Ausbau der erneuerbaren Energien aus Wind, Sonne, Wasserkraft, Biomasse und Geothermie und ein insgesamt effizienteres Energiesystem mit stetig sinkendem Anteil fossiler Energien – oder aber die Verlängerung der Atomstromproduktion in die Zukunft. Aktuell beschäftigt einige der wichtigsten Kernenergieländer vor allem die Frage, ob sie ihre Altmeiler über die ursprünglich geplante Laufzeit hinaus am Netz halten wollen. Diese Option ist attraktiv für Stromunternehmen, die so milliardenschwere Investitionsentscheidungen stornieren und von den günstigen Stromproduktionskosten abgeschriebener Altreaktoren profitieren können. Das damit unausweichlich verbundene zusätzliche Risiko ist für den einzelnen Manager kalkulierbar: Er rechnet nicht mit dem schweren Unfall, ausgerechnet in einem Atomkraftwerk seines Unternehmens und ausgerechnet in der – meist überschaubaren – Frist seiner Verantwortung. Darin liegt der Unterschied zu den Interessen der Allgemeinheit: Laufzeitverlängerungen erhöhen das Katastrophenrisiko überproportional; wenn alle oder viele Atomkraftwerke länger betrieben werden, wächst das Risiko eines katastrophalen Unfalls insgesamt erheblich.

Die bevorstehenden Entscheidungen über die Frage, wie die globale Energieversorgung in einer von Klimawandel, Bevölkerungswachstum, großer Armut und endlichen Ressourcen geprägten Welt nachhaltig gestaltet werden kann, weist über die Frage des künftigen Umgangs mit der Atomenergie weit hinaus. In der Verantwortung stehen alle entwickelten Industriestaaten und viele Schwellenländer (wobei Letztere die Atomenergie bisher überhaupt nicht oder nicht in nennenswertem Umfang nutzen). Sicher ist schon jetzt: Das neue Energiesystem wird nicht mehr ausschließlich auf großen fossilen oder nuklearen Kraftwerkseinheiten basieren. Sicher ist darüber hinaus: Die Zukunft liegt nicht in einer aus den Interessen der traditionellen Energiewirtschaft geborenen Wiederbelebung einer Hochrisikotechnologie aus der Mitte des vergangenen Jahrhunderts.

Bis heute gibt es keine Renaissance der Atomenergie. Was es gibt, ist eine Renaissance der Ankündigungen über die Atomenergie. Und die nicht erst seit gestern. »Ausstiegsbeschlüsse werden revidiert, Neubaupläne aufgelegt, nur in Deutschland gibt es ein letztes Aufbäumen der Atomgegner«, jubelte die *Wirtschaftswoche* in ihrer Ausgabe vom 21. September 1990 unter dem Titel »Nukleare Renaissance«. Wegen dem von der deutschen Atomwirtschaft und ihrer schwarz-gelben »Wunschkoalition« ins Auge gefassten Ausstieg aus dem Atomausstieg gibt es insbesondere hierzulande auch eine Renaissance der Auseinandersetzung über die Atomenergie und – bei manchen – eine Renaissance der Hoffnungen. Es gibt die Wiederbelebung einer politisch-gesellschaftlichen Debatte in einigen für die Zukunft der Atomenergie wichtigen Staaten. Ihr Ausgang ist ungewiss. Die bisher bekannten weltweit beschlossenen Neubauprojekte reichen nicht einmal aus, den Beitrag der Atomenergie zur globalen Stromproduktion konstant zu halten – nicht im absoluten Maßstab und im relativen erst recht nicht.

Neue Atomkraftwerksprojekte existieren bisher nur, wo diese Form der Stromerzeugung Teil der Staatsdoktrin ist. Oder dort, wo Regierungen bereit sind, bei der Absicherung sicherheitstechnischer und finanztechnischer Risiken mit Milliardensummen in Vorleistung zu treten. Wer heute neue Atomkraftwerke bauen will oder – wie zum Beispiel in den USA oder in Großbritannien – von der Politik dazu angehalten wird, braucht den Staat fast so sehr wie die Pioniere der Atomenergie in den 60er-Jahren des vorigen Jahrhunderts.

Es klingt paradox: Die Markteinführung der Atomenergie gelang seinerzeit, weil es keinen Strommarkt gab, der sie hätte unwirtschaftlich machen können. Weil die Bereitstellung von Elektrizität nach damaliger Lesart einerseits wegen des Stromnetzmonopols insgesamt als »natürliches Monopol« galt und andererseits zur öffentlichen Daseinsvorsorge gehörte, wurde sie von staatseigenen oder staatsnahen, jedenfalls monopolartigen Unternehmen getragen. In den meisten Industrieländern war es denn auch der Staat, der anfangs aus offen oder verdeckt militärischen, später aus industriepolitischen Motiven bei der Einführung der Atomenergie den Takt angab. Der Staat übernahm die immensen Kosten für Forschung, Entwicklung und Markteinführung der neuen Technologie entweder direkt. Oder er stellte über seinen Einfluss auf die Strompreisgestaltung der Elektrizitätsversorger die Weitergabe dieser Lasten an die Verbraucher sicher.

In einem deregulierten funktionierenden Strommarkt ist der Zubau neuer Atomkraftwerke für die Unternehmen bis heute nicht attraktiv. Es gibt nicht nur in den USA viel günstigere Optionen, mit nicht annähernd vergleichbaren ökonomischen Risiken. Deshalb werden in einem marktwirtschaftlichen Umfeld auch dann keine neuen Atomkraftwerke gebaut, wenn Strombedarf und Kraftwerksleistung insgesamt zunehmen – es sei denn, die öffentliche Hand übernimmt wieder, wie einst bei der Einführung der Atomenergie, einen Großteil der finanziellen Risiken. Das war der finnische Weg. Und das wird der amerikanische Weg sein, wenn nicht die unter der Obama-Administration von manchen Experten erwartete Richtungskorrektur doch noch zur Stornierung der ersehnten Neubauentscheidungen führt. Der Weg opulenter Subventionen ist auch deshalb nicht verallgemeinerungsfähig, weil in einem funktionierenden Kraftwerksherstellermarkt die Konkurrenten aus anderen Branchen – namentlich und immer gewichtiger auch der erneuerbaren Energien – eine einseitige staatliche Alimentierung einer 50 Jahre alten Technologie auf Dauer nicht tatenlos hinnehmen werden. Diese Kritik ist in den USA bereits hörbar: Im Ausland bereits erprobte Reaktorbaureihen sollen in den USA nicht noch einmal gestützt werden können, verlangten etwa Vertreter des Natural Resources Defense Council im Jahr 2009 vor dem US-Senat. Die staatliche Bevorzugung des atomaren Pfads bedeute nämlich nicht nur eine Marktstörung zulasten anderer Technologien, sondern führe auch auf einen ökonomisch ineffizienten Pfad des Übergangs in die kohlenstoffarme Energiewirtschaft (Cochran / Paine 2009).

Eine unvoreingenommene Neubewertung aller Aspekte der Atomenergie führt zu Beginn des 21. Jahrhunderts zu einem eindeutigen Ergebnis; es ist im Wesentlichen dasselbe wie vor 30 Jahren:

- ⊛ Die *Katastrophenrisiken*, die die Atomenergie damals zur umstrittensten Form der Stromerzeugung gemacht haben, sind nicht überwunden.

- ⊛ Die *neuen terroristischen Gefahren* schließen eine Ausweitung dieser Technologie in unsichere Weltregionen kategorisch aus.

- ⊛ Der globale Ausbau der nuklearen Stromerzeugung würde noch schneller als die Aufrechterhaltung des Status quo zur *Verknappung des Brennstoffs Uran* führen – oder aber den flächendeckenden Umstieg auf die Brütertechnologie erzwingen. Eine solche technologische Neuausrichtung wäre gleichbedeutend mit der endgültigen Festlegung der Atomtechnologie auf den sogenannten Plutoniumpfad. Sie würde das Risiko katastrophaler Unfälle, terroristischer Angriffe und der Weiterverbreitung von Atomwaffen auf eine neue, noch kritischere Ebene heben.

- ⊛ Ob mit oder ohne Brütertechnologie, auch das *Endlagerproblem* ist nicht bewältigt. Eine Lösung wird kommen müssen, schon weil die Abfälle nun einmal in der Welt sind. Aber sie wird nur eine scheinbare sein können. Das allein wäre ein ausreichender Grund, dieses Menschheitsproblem nicht noch durch die Vergrößerung des Müllvolumens zu verschärfen.

- ⊛ Die Atomenergie kann auch das *Klimaproblem nicht lösen*. Selbst eine für die Gesamtentwicklung fatale Konzentration aller Mittel auf diese Technologie würde am Ende nur zu einem verspäteten und bescheidenen Beitrag zur Klimaentlastung führen – wenn überhaupt. Sie wäre mangels industrieller Ausbaukapazitäten, wegen der immensen Kosten und einer Vervielfachung der mit ihr verbundenen Risiken ebenso unrealistisch wie unverantwortlich. Vorgezeichnet und viel wahrscheinlicher ist dagegen angesichts der Altersstruktur bestehender Kraftwerke, ein erhebliches Absinken der globalen Reaktorleistung in den kommenden Jahrzehnten. Gleichzeitig ergeben robuste Schätzungen, dass eine globale Energiestrategie, die vor allem die erneuerbaren Energien konsequent entwickelt und auf mehr Effizienz in Energiewirtschaft und Industrie, im Transportsektor und bei der Wärmebereitstellung setzt, in der Lage sein wird, die notwendigen CO_2-Reduktionsmengen zu erbringen – auch ohne Rückgriff auf Atomenergie. Die damit verbundenen Herausforderungen, aber auch die Chancen sind gewaltig. Ihre Bewältigung erfordert nicht weniger als eine Weltenergiepolitik, bei der früher oder später alle für die globalen Treibhausgasemissionen verantwortlichen Staaten mitziehen. Der behauptete Zielkonflikt »Klimaschutz oder Atomenergie« bleibt eine aus den Interessen der Atomenergiewirtschaft geborene Schimäre.

Nach all dem ist klar: Ohne massive staatliche Finanzinterventionen wird es in absehbarer Zeit keine Wiederbelebung der Atomtechnik geben. Das heißt freilich nicht, dass sie ausgeschlossen ist. Wenn in China – was den dort lebenden Menschen das Schicksal ersparen möge – nicht ein katastrophaler

Unfall den Ausbau stoppt, werden dort noch Dutzende Meiler ans Netz gehen. So lange, bis das Geld ausgeht oder die Großkraftwerke auch im Reich der Mitte den Ausbau der dann kostengünstigeren erneuerbaren Energien bremsen. Mehr als die Stromwirtschaft, die vor allem alte, abgeschriebene Investments weiternutzen will, ist es überall auf der Welt die Politik, die unter dem Eindruck abnehmender fossiler Ressourcen, stark steigender Energiepreise und in Erwartung harter Klimaschutzverpflichtungen die Atomenergie ins Spiel bringt. Alle drei Elemente treiben die Debatte in den USA auch nach dem Wechsel vom glühenden Atomkraftverfechter George W. Bush zum moderaten Skeptiker Barack Obama an. Sie waren der Auslöser für den Reaktorneubau in Finnland, für die Offensive zum Ausstieg aus dem Atomausstieg in Deutschland und die Neubaudiskussion in vielen anderen Staaten.

Weltweit neigen Politiker dazu, in den alten Strukturen und mit den Wirtschaftsakteuren zu planen und weiterzumachen, die sie kennen. Manche von ihnen werden sich deshalb nicht scheuen, mehr als ein halbes Jahrhundert nach dem Start der kommerziellen Stromproduktion in Atomkraftwerken noch einmal »Markteinführungshilfen« für die Atomenergie zu gewähren – als sei das das Normalste der Welt. In Deutschland steht ein Reaktorneubau nur deshalb nicht an, weil kein potenzieller Bauherr ein derart unkalkulierbares ökonomisches Risiko eingehen mag. Und weil eine gesellschaftliche Mehrheit für die Strahlentechnologie absolut nicht in Sicht ist. Stattdessen wollen RWE, E.on, EnBW und Vattenfall noch einige Jahrzehnte von der Substanz leben – auf Kosten der Sicherheit aller. Und Politiker der schwarz-gelben Regierungskoalition stehen zu Diensten. Sie sind bereit, die Laufzeiten veralteter Reaktoren zu verlängern, um so exakt den Konzernen zu Sonderprofiten in Milliardenhöhe zu verhelfen, deren Marktdominanz sie in ihren Sonntagsreden wortreich beklagen.

Doch nach den Gesetzen der Logik wird der grundsätzliche Konflikt um die Zukunft der Atomenergie ohnehin eher selten wirklich ausgetragen. »Die Atomwirtschaft braucht den Klimawandel mehr als der Klimawandel die Atomwirtschaft«, kommentierte das vielleicht renommierteste Wissenschaftsmagazin *nature* bereits im Oktober 2007 die Entwicklung. »Wenn wir eine katastrophale Erderwärmung noch abwehren wollen, warum sollten wir dafür die langsamste, teuerste, unwirksamste, unflexibelste und riskanteste Option wählen? 1957 war es richtig, es mit der Atomenergie zu versuchen. Heute ist Atomenergie nur noch ein Hindernis beim Übergang zu einer nachhaltigen Elektrizitätsversorgung.«

Dem ist eigentlich nichts hinzuzufügen.

Literatur

BMU (Bundesministerium für Umwelt, Naturschutz und Reaktorsicherheit) (Hrsg.): »Die Energiestudie« – Vergleich wegfallender Atomstromproduktion mit zusätzlicher EE-Strom-produktion jeweils seit 2000. Präsentation Nestle, Uwe. Berlin 2009.

Cochran, Thomas B. / Paine, Christopher E.: Statement on Nuclear Energy Developments Before the Committee on Energy and Natural Resources. Washington DC 2009.

Cooper, Mark: The Economics of Nuclear Reactors: Renaissance or Relapse? South Royalton (Vermont) 2009.

Fischer, Bernhard / Hahn, Lothar / Küppers, Christian: Der Atommüll-Report. Hamburg 1989.

Fraunhofer IWES: Dynamische Simulation der Stromversorgung in Deutschland nach dem Ausbauszenario der Erneuerbaren-Energien-Branche. Abschlussbericht. Kassel 2009.

Gesellschaft für Anlagen- und Reaktorsicherheit (Hrsg.): Schutz der deutschen Kernkraftwerke vor dem Hintergrund der terroristischen Anschläge in den USA vom 11. September 2001. Zusammenfassung. Köln 2002. www.bund.net/fileadmin/bund-net/pdfs/atomkraft/ 20021127_atomkraft_grs_gutachten_zusam-menfassung.pdf

Gesellschaft für Anlagen- und Reaktorsicherheit (Hrsg.):
3. Ergänzung der Kurzinformation zu einem Ereignis im schwedischen Kernkraftwerk Forsmark, Block 1, am 26.07.2006: »Nichtstarten von zwei Notstromdieseln beim Ausfall der Netzbindung«. Köln 2006.

Heinrich-Böll-Stiftung (Hrsg.): Mythos Atomkraft – Ein Wegweiser. Berlin 2006.

Kaplan, Stan: Power Plants: Characteristics and Costs, CRS Report for Congress, RL34746. Washington DC 2008.

Massachusetts Institute of Technology (MIT): The Future of Nuclear Power: An Interdisciplinary MIT Study. Cambridge 2003.

Meyer-Abich, Klaus Michael/Schefold, Bertram: Die Grenzen der Atomwirtschaft. München 1986.

Mez, Lutz/Schneider, Mycle/Thomas, Steve (Hrsg.): International Perspective on Energy Policy and the Role of Nuclear Power. Multi Science Publishing. Brentwood 2009.

Miller, Peter: Our Electric Future – A Comeback for Nuclear Power. In: National Geographic, August 1991.

Möller, Detlev: Endlagerung radioaktiver Abfälle in der Bundesrepublik Deutschland. Frankfurt a.M. 2009.

National Commission on Terrorist Attacks Upon the United States (Hrsg.): The 9/11 Commission Report. Official Government Edition. www.9-11commission.gov/

Prognos AG (Hrsg.): Renaissance der Kernenergie? Analyse der Bedingungen für den weltweiten Ausbau der Kernenergie gemäß den Plänen der Nuklearindustrie und den verschiedenen Szenarien der Nuklearenergieagentur der OECD. Berlin/Basel 2009.

Radkau, Joachim: Tschernobyl in Deutschland?
In: Der Spiegel 20/1986.

Sachverständigenrat für Umweltfragen (Hrsg.): Weichenstellungen
für eine nachhaltige Stromversorgung. Thesenpapier. Berlin 2009.

Schneider, Mycle: Der EPR aus französischer Sicht. Memo im Auftrag
des BMU. Berlin 2004.

Solar-Institut Jülich/FH Aachen (Hrsg.): Zwischenbericht: Struktur
und Dynamik einer Stromversorgung mit einem hohen Anteil
erneuerbarer Energieerzeuger. Energiestudie. Berlin 2009.

Squassoni, Sharon: The US Nuclear Industry: Current Status and
Propects under the Obama Administration. Nuclear Energy Future
Paper, November 2009. Waterloo (Canada) 2009.

Traube, Klaus: Plutonium-Wirtschaft? Hamburg 1984.

UK Department for Business, Innovation and Skills (Hrsg.):
UK Renewable Energy Strategy Consultation 2008. Log Number
00407e, Organisation: E.ON. www.google.com/search?q=%22Re-
newable+Energy+Strategy+Consultation%22+E.on+00407e&sour
ceid=ie7&rls=com.microsoft:en-US&ie=utf8&oe=utf8

WWF Deutschland: Modell Deutschland – Klimaschutz bis 2050;
erstellt von Prognos AG/Öko-Institut/Dr. Hans-Joachim Ziesing.
Berlin 2009.

Ziehm, Cornelia: Ohne Endlager keine Laufzeitverlängerung – zur
Rechts- und Verfassungswidrigkeit einer Laufzeitverlängerung.
Berlin 2010.